홍종호

서울대학교 환경대학원 교수이자 시민사회에서 (사)에너지전환포럼 상임공동 대표와 환경운동연합 공동대표를 맡고 있다. 서울대학교 경제학과를 졸업하고 코넬대학교에서 환경·에너지 분야로 경제학 박사 학위를 받았다. 한국개발연 구원(KDI) 펠로우, 한양대학교 경제금융대학 교수, 한국재정학회 및 한국환경 경제 학회 회장, 서울대 환경대학원 원장, 세계은행 및 아시아개발은행 컨설턴 트, 대통령 자문 지속가능발전위원회 위원을 역임했다.

김준형

한동대학교 국제어문학부 국제정치학 교수이자 국립외교원장. 연세대학교 정 치외교학과를 졸업하고 미국 조지워싱턴대학교에서 정치학 석사, 박사 학위를 받았다. '대통령 직속 정책기획위원회' 외교·안보분과 위원과 청와대 국가안보 실, 외교부, 통일부 자문위원 등을 지냈으며, 민간 싱크탱크 한반도평화포럼(사) 외교연구센터장을 역임했다. 저서로 《코로나19×미국 대선, 그 이후의 세계》, 《미국이 세계 최강이 아니라면》, 《폭력: 이것도 폭력이야?》 등이 있다.

김용섭

트렌드 분석가이자 경영전략 컨설턴트, 비즈니스 창의력 연구자. 날카로운 상상 력연구소 소장으로 활동하고 있다. 삼성전자, 현대자동차, LG, GS, CJ, SK, 한화, 롯데 등 국내 주요 대기업과 기획재정부, 국토교통부, 외교부 등 정부 기관에 서 2,000회 이상의 강연과 비즈니스 워크숍, 150여 건의 컨설팅 프로젝트를 수 행했다. 저서로 《프로페셔널 스튜던트》, 《라이프 트렌드 2021: Fight or Flight》, 《언컨택트》, 《펭수의 시대》, 《실력보다 안목이다》 등이 있다.

이재갑

한림대학교 의과대학 부교수이자 한림대 강남성심병원 감염내과 분과장과 감 염관리 실장을 맡고 있다. 고려대학교 의과대학을 졸업했고, 2004년 고려대의 료원 내과 전공의를 수료했다. 2015년 서아프리카 시에라리온에 파견되어 바이 러스병 대응 긴급구호대 팀장으로 현장을 지켰다. 같은 해 국내에 유행한 메르 스 사태에 맞서 대한의사협회 신종감염병대응 태스크포스팀 위원장을 역임했 다. 저서로 《우리는 바이러스와 살아간다》(공저) 등이 있다.

코로나 사피엔스

새로운 도약

CORONA SAPIENS

코로나 사피엔스
새 로 운 　 도 약

대한민국 대표 석학 8인이 신인류의 지표를 제시하다

김누리 · 장하준 · 홍기빈 · 최배근 · 홍종호 · 김준형 · 김용섭 · 이재갑 지음
CBS 〈지식콘서트〉 제작진 기획

ℹNFLUENTIAL
인 플 루 엔 셜

일러두기

- 이 책은 경기도, 경기도평생교육진흥원과 CBS가 함께 기획한 〈2020년 경기도 지식(GSEEK)콘서트〉를 바탕으로 하였다.
- 이 책은 국립국어원의 표준어 규정 및 외래어 표기법을 따르되, 일부 인명, 기업명은 실제 발음을 따른 경우가 있다.
- 단행본은 《 》로, 보고서, 신문, 잡지 등은 〈 〉로 표기했다.

이것이 끝이 아니다.
끝의 시작도 아니다.
차라리 시작의 끝일 것이다.
— **윈스턴 처칠, 영국의 정치가**

코로나19는
왜 '지금' 우리에게 왔는가?

"수영을 할 줄 모르는 자에게 바다란 무엇인가? 숨을 쉬어야 살 수 있는 존재에게 우주의 막대한 공간은 무엇인가?"

사회학자 김홍중 선생의 《은둔기계》에 나오는 한 구절이다. 인간을 '바이러스를 피해 살아남기 위해 은둔하는 기계'라고 말하는 이 글을 읽으며 저절로 숨이 막혔다. 지난 일여 년의 시간을 떠올리는 건 고통스러울 수밖에 없었다. 우리는 지금도 바이러스와 싸우고 있지만, 그 싸움은 언제 끝이 날는지 알 수가 없다. 더구나 패자는 인류가 될 확률이 높다.

우리는 허우적거렸다. 발버둥을 치기도 했다. 턱밑까지 차오르는 공포감에서, 기댈 곳 없는 막막함에서 필사적으로 도망쳤다. 감당하기 어려운 어떤 선을 넘었을 때는 모든 걸 놓고자 하는 체념과도 맞서 싸워야 했다. 코로나19 앞에서 우리는 그렇게 속수무책이었다. 헤엄치는 법을 모른 채 바닷속으로 들어가 자맥질을 했고, 바닥을 드러내는 산소통 눈금을 보면서 정처 없이 부유해야만 했다. 오직 생존하고자 치열하게 부단하게 애썼다.

그렇게 일여 년의 시간이 흘렀다.

이삿짐이 빠져나간 빈자리처럼, 고인 물이 말라버린 뻘밭처럼 우리 사회의 가려지고 감춰졌던 수많은 것들이 시간 사이를 헤집고 앙상하게 드러났다. 숨을 가다듬고 이제야 겨우 물을 수 있게 됐다. "코로나는 왜 왔는가?" 아니, 더 정확하게는 이렇게 물어야 할 것이다.

"코로나19는 왜 '지금' 우리에게 왔는가?"

코로나19를 생성하고 유포시킨 지금의 환경과 이곳의 조건은 무엇이었나? 이는 비단 감염학적인 과학의 답을 얻고자 던지는 질문은 아니다. 코로나19는 기존 제도와 가치관에도 치명적인 바이러스였다. 근본적이며 전방위적인 진단과 처방을 요구하는 사태를 우리 앞에 펼쳐놓은 셈이다.

박재철

지난해 CBS와 경기도평생교육진흥원에서는 이에 대한 지혜를 모으고 해법을 찾고자 〈2020년 경기도 지식GSEEK콘서트〉를 기획했다. 각 분야에서 오랫동안 지식과 안목을 키워온 20여 명의 석학과 전문가들이 나선 대중 강연 형태의 영상 콘텐츠 시리즈이다. 여기서 출연자들은 하나 같이 공유와 협력, 배려와 연대의 공동체적 감수성 회복을 밑그림에 놓고 각자의 고민과 해결방안들을 나눴다. 그중 여덟 개의 강연을 선별하고 보강해 책으로 묶었다.

시린 바람이 온몸을 훑고 지나가면 미처 옷으로 여미지 못한 부위에서부터 냉기가 전해지는 법이다. 지금 우리 사회 역시 마찬가지다.

> "코로나19는 특정 기저질환을 가진 사람에게 더욱 위험하다고 합니다. 소규모 하청업체, 비정규직 노동자, 영세 자영업자 등 하루라도 일하지 않으면 먹고살 길이 막막한 그들 역시 '빈곤'이라는 치명적인 기저질환을 피할 길이 없습니다."
>
> **-김누리**

한편으로는, 재난 극복 방안으로 기본소득을 포함한 복지에 관심이 높아지고 있다. 일각에서는 '세금 낭비', '도덕적 해이'

라는 부정적 의견도 나온다. 복지에 대한 기본적인 시각 확립
이 중요해지고 있다.

"복지는 공짜가 아니라 공동구매입니다. 교육, 주거, 노동,
의료 등의 복지를 국민의 세금으로 공동구매하는 개념입
니다."

-**장하준**

바이러스의 '버티려는 힘'과 백신의 '내쫓으려는 힘', 두 힘
의 충돌로 우리의 일상에 하나둘 날카로운 단층들이 생겨나
고 있다. '언제쯤 코로나19가 축출되고 예전의 생활이 가능할
까?' 누구나 품을법한 이런 소박한 기대에 새로운 관점이 제시
되기도 한다.

"코로나 없는without corona 세상보다 앞으로는 코로나와 함
께 머무는with corona 세상이 될 확률이 높습니다. 그 세상
을 준비해야 합니다."

-**이재갑**

코로나19 팬데믹으로 오프라인 접촉보다는 온라인 접속의
기회가 많아지면서 대학과 기업의 문화도 급속히 바뀌고 있다.

박재철

그 어느 때보다 수평성과 투명성이 배가되고 있다. 이것이 의미하는 바는 무엇일까?

> "권위가 지워지면 결국 남는 건 실력 그 자체입니다. 사무실에서 모여 일할 땐 이른바 '연공서열'이란 걸 무시하기 어려웠습니다. 회의시간에도 윗사람의 이야기만 일방적으로 들어야 하는 경우가 많았죠. 그런데 화상회의를 하는 모니터 화면에서는 부장님이든 신입사원이든 균등하게 분할된 모습으로 나타납니다."
>
> **-김용섭**

책을 읽다 보면 질문에 대한 답보다는 더 깊은 질문들과 만날지도 모른다. 그러나 그것이 새로운 것에 눈을 뜨게 해줄 '마중물'이 될 수도 있다. 책의 어느 대목은 평소 지나치던 주파수에서 듣지 못했던 얘기들을 들려줄지 모른다.

'민주화 시대'나 'IMF 시대'처럼 역사는 지금을 '코로나19 시대'로 명명할 것이다. 잔혹과 혼돈에 휩싸여 예외 없이 암중모색을 했던 시기, 우리는 각자 선 자리에서 나름의 신화를 묵묵히 써내려가고 있다. 어느 노작가는 말한다. 신화란 특별한 사람들의 이야기가 아니라 보통 사람들이 깊게 살아갈 때 그

인생을 부르는 이름이라고. 현재의 고난과 시련은 내 삶의 서
사를 더 단단하게 만들어줄 거라 믿는다.

박재철

CBS 〈지식콘서트〉 PD

차례

1장
라이피즘, 신인류의 이념

| 김누리 |

자본주의를 넘어
우리가 지향해야 하는
가치는 무엇인가

김누리

중앙대학교 독어독문학과와 동 대학원 독일유럽학과 교수이며, 현재 독일유럽 연구센터 소장을 맡고 있다. 한국독어독문학회 회장을 지냈다. 서울대학교, 독일 브레멘대학교에서 독문학을 공부했고, 독일 현대소설 연구로 박사 학위를 받았다. 저서로 《우리의 불행은 당연하지 않습니다: 대한민국의 불편한 진실을 직시하다》, 《알레고리와 역사: 귄터 그라스의 문학과 사상》, 3부작 《통일독일을 말한다》(공저), 《통일독일의 문화변동》(공저), 《통일과 문화》(공저), 《인권, 세계를 이해하다》(공저) 등이 있다. 헤르만 헤세의 《황야의 이리》, 게르하르트 슈뢰더의 《아직도 시간은 있다》 등을 우리말로 옮겼다.

코로나19 팬데믹은 우리에게 세 가지 옐로카드를 던지고 있어요. 지금 한국 사회에는 거의 부재한 사회적 가치, 공공적 가치, 생태적 가치를 가져야 한다는 준엄한 경고를 보내는 겁니다. '사회·공동체·자연' 없이는 '나·개인·인간'도 존재할 수 없다는 인식의 전환이 필요합니다. 그것만이 지속가능한 미래를 꿈꿔볼 수 있는 유일한 길입니다.

코로나 팬데믹과 사회적 유토피아

　코로나19 대유행은 하나의 거대한 재난입니다. 2차 세계대전 이후 인류가 겪은 가장 심각하고 힘겨운 재난으로 기록될 겁니다. 그런데 재난이란 우리에게 고난만 안겨주는 것은 아닙니다. 때론 우리가 더 나은 세상으로 나아가도록 해주는 새로운 도약의 기회가 되기도 합니다. 다시 말해, 재난은 예기치 않은 어떤 유토피아적 가능성을 열어주기도 하는 것입니다. 이렇게 재난이 뜻밖에도 질적으로 새로운 세계로 나아가는 길을 밝혀주는 것을 '재난 유토피아'라고 합니다.

　미국 저술가이자 비평가인 레베카 솔닛Rebecca Solnit은 《이 폐허를 응시하라A Paradise Built in Hell》라는 책에서 "거대한 재난은 낡은 사회질서를 작동 불능으로 만든다. 인간은 패배자가 되는 대신 새로운 사회를 실현한다. 이것이 재난 유토피아다"라고 설명했어요. 재난은 '물리적 지옥'이지만 한편으로는 규칙들이 깨지고 체제가 전복하면서 '사람들이 서로를 구조하고

서로를 보살피는' 사회적 유토피아를 경험하게 할 수도 있다는 거예요.

　사실 우리는 이러한 유토피아적 상황을 여러 차례 경험했어요. 대표적인 예로 코로나19 초기 매우 긴박한 상황에 놓였던 대구에서 시민들이 보여준 기품 있는 모습을 떠올릴 수 있을 겁니다. 당시 정부는 대구에서 발생한 집단감염 사태가 전국적인 대규모 확산으로 이어지지 않을까 고심했지만, 도시 간 이동을 차단하거나 봉쇄하는 조치는 취하지 않았습니다. 얼마든지 다른 도시로 옮겨갈 수도 있었지만, 대구 시민들은 그렇게 하는 대신 집에서 머물며 철저하게 이동을 자제했습니다. 게다가 일체의 사재기도 없었고, 어떤 형태의 패닉도 없었습니다. 다른 지역의 의사들이 자원해서 대구로 몰려들었고, 많은 사람이 여분의 마스크를 모아 대구로 보내는 데에 동참했습니다. 우리는 대구에서 '사람들이 서로를 구조하고 돕고 보살피는 사회적 유토피아'의 한 장면을 목격했습니다.

　저는 그 모습을 보며 1980년 광주를 떠올렸습니다. 코로나19가 자연적 재난이라면, 광주의 5월은 정치적 재난이었죠. 당시 광주는 군사 쿠데타를 일으킨 군인들에 의해서 도시 전체가 일주일 이상 봉쇄되는 상태, 다시 말해 국가공권력이 미치지 못하는 무정부 상태에 놓여 있었습니다. 이러한 정치적 재난 상황은 극도의 혼란과 공격적인 집단행동을 불러올 수도 있

코로나19 확산으로 마스크 공급 대란이 빚어지자 자원봉사자들이 복지시설에 전달할 면 마스크를 제작하고 있다.
출처 : 연합뉴스

지만, 당시 광주에서는 단 한 건의 약탈 행위도 없었고, 어떤 중대한 범죄 행위도 일어나지 않았습니다. 이건 정말 놀라운 일입니다. 1755년 리스본 대지진, 1871년 파리 코뮌Commune de Paris*, 1906년 샌프란시스코 대지진, 2001년 미국 9·11 사태, 2005년 뉴올리언스 허리케인 등 전 세계 각국이 겪은 재난과 혁명의 역사에서 이런 정도의 성숙한 시민의식을 보여준 사례는 찾아보기 어렵습니다.

코로나19로 우리가 깨닫게 된 사실 중 하나는 '아, 우리 안

• 1871년 파리 시민과 노동자들의 봉기에 의해서 수립된 자치정부로, 세계 최초 노동자 계급의 자치에 의해 수립된 민주주의 정부로 평가받는다. 약 두 달 동안 유지되었으나 이후 사회주의와 공산주의 운동에 지대한 영향을 주었다.

김누리

에 이렇게 성숙한 의식들이 숨어 있었구나' 하는 것이었어요. 우리 자신을 재발견하는 기회를 준 거죠. 이러한 성숙한 의식은 어디서 생겨났을까요. 저는 지난 세기에 우리가 겪어온 수많은 시련 속에서 이런 성숙함이 다져진 게 아닐까 생각합니다.

지난 100년 동안 우리는 식민·냉전·분단의 가혹한 시대를 겪었으며, 전쟁과 군사독재, 양민학살 등 세계사에서 유례를 찾아보기 어려울 만큼 수많은 비극적 사태들을 경험했습니다. 20세기에 일어난 모든 형태의 비극을 모조리 겪어낸 유일한 민족이라고 해도 과언이 아닐 겁니다. 바로 이러한 역사적 시련을 치러내면서 우리 안에 성숙한 민주시민 의식이 뿌리를 내릴 수 있었던 것이 아닐까 생각해봅니다.

코로나19 대유행은 기존의 질서에서는 상상하지 못했던 근본적인 사회 변화를 촉발하는 혁명의 가능성을 보여주고 있습니다. 우리의 성숙한 시민의식은 이 혁명을 성공적으로 치러내고 새로운 패러다임으로의 대전환을 이뤄내기 위한 훌륭한 자양분입니다. 우리가 어떻게 하느냐에 따라 코로나 팬데믹이라는 재난은 새로운 사회를 상상하고 실현해갈 기회가 될 것이며, 새로운 인식의 틀을 가져다주는 의외의 선물이 될 수도 있습니다.

코로나19 팬데믹은 우리에게 코로나 블루, 즉 깊은 우울감만 안겨준 건 아닙니다. 그것은 우리에게 매우 귀중한 경고도 보내주었습니다. 저는 그것을 '코로나 옐로'라고 부릅니다. 코로나 옐로는 세 가지 경고입니다. 첫째 사회적 가치the social, 둘째 공공적 가치the public, 셋째 생태적 가치the ecological에 대한 준엄한 경고를 우리에게 보내고 있는 것입니다. 그러면 지금부터 이 세 가지 경고에 대해 좀 더 구체적으로 살펴보도록 하겠습니다.

한국 사회의 자화상, 사회가 없는 사회

우리는 코로나19 사태를 통해 인간은 혼자서 살 수 없다는 것을 새삼스럽게 배웠습니다. 우리 모두가 건강해야 내가 건강할 수 있다는 것, 우리 모두 안전해야 내가 안전할 수 있다는 것, 우리 모두 행복해야 내가 행복할 수 있다는 것을 온몸으로 체험했던 거지요. 코로나19 사태가 "인간은 사회적 존재로서 모두 유기적으로 연결되어 있다"라는 당연한 사실을 충격적이면서 고통스럽게 일깨워준 겁니다.

지금 한국 사회는 전 세계에서 유례가 없는 '비연대적 사회'입니다. 여러 지표가 그것을 보여주고 있습니다. OECD(경제협력개발기구)의 〈2020 삶의 질How's Life? 2020〉 보고서에 따르면, 한국의 '사회 관계' 지수는 OECD 37개국 중 꼴찌였습니다.

"필요할 때 의지할 가족이나 친구가 없다"고 답한 사람이 응답자의 19퍼센트로 OECD 평균인 9퍼센트의 두 배가 넘었습니다. 특히 50세 이상의 중장년층에서는 그 숫자가 34.7퍼센트로 올라갑니다. 이는 한국 중장년층 인구의 10명 중 3명 이상이 사회적으로 고립되어 있다는 걸 의미합니다.

또 한국보건사회연구원에서 1995년부터 5년마다 OECD 회원국을 대상으로 '사회통합지수'를 조사해 발표하는데, 2016년 발간된 보고서에 따르면 한국은 조사대상 30개국 중 29위를 기록했습니다. 특히 '사회적 포용'에서 가장 낮은 점수를 받았는데, 이는 한국 사회에 빈부, 고용, 성별 등의 경제적·사회적 격차와 이로 인한 불평등이 만연해 있음을 알려줍니다.

이 지표들이 보여주는 한국 사회의 자화상은 연대와 포용이 결여된 사회, 다시 말해 '사회가 없는 사회society without the social'입니다. 인간은 '사회적 동물'로서 사회를 떠나서 삶을 영위하기 어려운 존재라는 점은 새삼 강조할 필요가 없을 겁니다. 하지만 신자유주의 경제 체제를 유지해온 수십 년간 한국 사회는 이 당연한 명제를 부정하는 듯한 모습을 보여주었습니다. 한국 사회는 사실상 '사회적인 것the social'이 부재한 사회입니다. 아니, 부재한 정도를 넘어 '불온한 것'으로 여겨지거나, 정치적 위험을 감수해야 하는 '낙인'으로 간주되기도 합니다. 심지어는 진보적인 정당에서조차 당명에 '사회적'이라는 표현을 쓰는 걸 두려워하고 기피할 정도입니다. 그 정도로 한국 사회에서는 사회적 가치가 경시되거나 위험시되고 있다고 볼 수 있겠지요.

어떤 사람은 이 같은 주장에 쉽사리 동의하기 어려울지도 모릅니다. 2016년과 2017년 광화문 광장에 모여 촛불 시위를 했던 사람들이 보여준 강력한 연대와 집단지성을 떠올리면 더욱 그러할 겁니다. 문제는 그러한 성숙함이 '광장'에서만 존재한다는 거예요. 일상에서는 여전히 민주주의도 사회적 연대도 설 자리가 없어요. 광장에서 민주주의를 외치던 사람들이 학교와 가정, 일터에서는 권위적이고 가부장적인 '꼰대'가 되는 걸 우리는 수없이 보아왔습니다.

우리 사회에 '연대'가 결여되었음을 보여주는 사례들은 부지기수입니다. 장애인 특수학교를 지으려고 하면 언제나 예외 없이 주민들의 저항에 부딪힙니다. 특수학교를 반대하는 주민들 앞에 무릎을 꿇은 학부모들의 사진을 여러분도 기억할 겁니다. 어째서 그들에게는 장애인 특수학교가 혐오시설인 걸까요? 정규직 노조가 일자리를 지키겠다고 비정규직 동료들에게 등을 돌리기도 합니다. 그로 인해 2019년 12월 한국의 최대 자동차 생산업체 중 한 곳에서 비정규직 560명에 대한 집단해고가 이루어지기도 했습니다. 2020년 8월에는 공공의대 설립을 반대하는 전국의사총파업이 진행되었습니다. 전 국민이 감염병으로 인해 생명의 위협을 받던 시기에 자신들의 특권을 지키겠다며 시위에 나선 의사들을 보며 많은 사람들이 실망감과 좌절감을 느꼈을 겁니다.

경쟁하는 사회에서 연대하는 사회로

저는 독일에서 살면서 이런 한국 사회와 대비되는 모습을 여러 차례 목격했습니다. 아주 최근에는 이런 일도 있었지요. 2020년 9월 20일에는 독일의 수도 베를린을 비롯한 40개 도시에서 그리스 난민캠프 화재로 곤경에 처한 1만 5,000명의 시리아 난민 중 2,700명을 받아들이겠다는 정부의 결정에 반대하며 수만 명의 시민들이 거리로 나왔습니다. 이들 대규모 시위대의 요구는 놀랍게도 모든 난민을 다 받아들여야 한다는 것이었습니다. 이들의 현수막에는 이런 문구가 적혔지요. "수용소를 모두 비워라. 난민들에게 인간 존엄에 걸맞은 주거지를 마련해줘라. 우리에게 그런 장소가 충분히 있다."

어떻게 이런 일이 가능한 걸까요? 저는 경쟁보다 연대하는 인간, 사유하고 비판하는 인간을 길러내는 것을 목표로 삼는 독일의 교육 시스템에 그 비밀이 있다고 생각합니다. 반면에 한국의 교육은 어떻습니까. 차별을 정당화하며 끝없는 경쟁을 강

2020년 9월 20일 독일 베를린에서 시민들이 그리스 레스보스섬 난민캠프의 화재로
갈 곳을 잃은 난민들을 독일로 데려와야 한다며 시위를 벌이고 있다.
출처 : 연합뉴스

요하죠. 이런 교육을 통해 우리가 어떻게 타인과 함께 살아가
는 사회적 가치를 배울 수 있겠습니까.

　저는 전국의사총파업이 한국의 교육 시스템이 실패했음을
적나라하게 보여주었다고 생각합니다. 그들은 "생사를 판가름
지을 중요한 진단을 받아야 할 때 의사를 고를 수 있다면, 매
년 전교 1등을 놓치지 않기 위해 공부에 매진한 의사와 성적
은 한참 모자라지만 그래도 의사가 되고 싶어 추천제로 입학
한 공공의대 의사 중 누구를 선택하겠는가?"라고 물었습니다.
학력에 대한 차별적 메시지가 강하게 담겼다는 비판이 쏟아지

　　　　　　　　　　　　　　　　　　　　　　　　김누리

며 이 게시물은 사라졌지만, 그들이 보여준 오만과 이기심으로 인해 받았던 충격과 경악은 결코 사라지지 않았습니다. 그 오만과 이기심은 경쟁에서 이기는 자가 모든 것을 독차지하는 '승자독식'의 원리만을 가르치는 경쟁절대주의 교육이 빚어낸 참상 그 자체였습니다.

고려대학교 김우창 교수는 한국인의 심리 구조에 대해 "모든 것을 서열화하는 습관"이 마음속에 깊이 박혀 있으며, "한국 사회의 오만과 모멸 구조가 남을 깎아내려 자신의 존재 가치를 찾으려는 사회적 분위기를 형성한다"라고 진단한 바 있습니다. 한국 사회의 서열화 문화, 경쟁지상주의를 '오만과 모멸의 구조'에서 찾아낸 이러한 진단에 저 역시 깊은 공감을 표합니다.

한국에서는 '공정fairness'이 매우 중요한 가치로 간주되곤 합니다. 누구나 노력한 만큼 보상을 얻을 수 있도록 평등한 기회가 주어져야 한다고 말합니다. 하지만 공정은 경쟁과 능력주의를 전제하는 개념입니다. 이 공정함에는 연대와 협력이 빠져 있어요. 저마다 타고난 능력과 배경이 다르다는 사실을 무시함으로써 불평등을 당연한 것으로 만들고, 죽을 힘을 다해 뛰었지만 1등을 놓친 모든 사람을 패배자로 만들 수 있는 거죠. 우리가 교육을 통해 후세대에 전해주어야 할 더 중요한 가치는 '정의justice'입니다. 정의는 약자의 고통에 공감하는 것이며, 불의에 분노하는 것이며, 억압에 저항하는 것입니다.

코로나19 팬데믹은 우리에게 "사회가 없으면 '나도 없다"는 교훈을 알려주었습니다. 이 교훈에서 출발해 이제 한국 사회는 경쟁지상주의에서 벗어나 존엄과 연대의 공동체주의로 패러다임을 전환해야 합니다. 무엇보다 중요한 것은 우리 아이들을 성숙한 '세계 시민'으로 키울 수 있는 새로운 교육으로 나아가는 것입니다. 경쟁 일변도의 교육에서 탈피해 연대와 공감의 교육을 해야 합니다. 인간과 인간, 인간과 자연은 모두 연결되어 있다는 것을 알려주어야 합니다. 개개인의 능력이 아니라 공동체적 협력이 더 건강하고 지속가능한 사회를 만들 수 있다는 점을 알려주어야 합니다.

코로나19 방역, 한국은 성공하고 미국은 실패한 이유

코로나19 대유행 사태가 우리에게 일깨워준 두 번째 교훈은 우리의 안전과 행복을 지키는 데 있어 '국가'의 역할이 얼마나 중요한가에 대한 부분이었습니다. 긴박한 재난 상황에서 시장에 모든 것을 맡겨놓는 것보다 국가가 적극적으로 개입했을 때 문제를 훨씬 더 빠르고 효과적으로 해결할 수 있다는 걸 확인한 겁니다. 전자에 해당하는 미국과 후자에 해당하는 한국의 상황을 비교해보면 누구나 명확하게 알 수 있는 사실이죠.

한국의 코로나19 방역 체계는 국제사회에서 매우 성공적이라는 평가를 받고 있죠. WHO(세계보건기구)의 긴급대응팀장 마이클 라이언Michael Ryan은 한국의 코로나19 방역 체계에 대해 "환자를 조기 발견하고, 접촉자를 신속하게 격리하며, 시민들이 자발적으로 적극 참여하는 한국은 코로나19 대응에 있어서 WHO가 구상하고 추구하는 모든 요소와 전략을 이미 잘 구현하고 있다"라고 평가하기도 했습니다.

한국의 방역 체계가 실제로 어떠했는지는 '마스크' 공급 사태를 통해서 우리 모두 생생하게 보았습니다. 한국의 방역당국도 코로나19 사태 초기에는 마스크 수급 문제를 시장에 맡기고 정부의 간섭을 최소화했습니다. 하지만 2020년 2월 초부터 확진자가 크게 늘면서 마스크 가격이 급등하고, 품귀 현상까지 빚어지는 등 '마스크 대란'이 일어나자 정부에서 곧바로 마스크 공급 과정에 개입하기 시작했습니다. 마스크를 매점매석하는 행위와 담합에 따른 가격 인상 등 불공정행위를 철저하게 단속하는 한편, 마스크 생산자로 하여금 당일 생산량의 50퍼센트를 공적 판매처로 출고하도록 했습니다. 그러나 대구에서 대규모 집단감염 사태가 발생하자 마스크 수급 상황이 더욱 악화되었고, 결국 일부 우려의 목소리에도 불구하고 과감하게 '공적 마스크 구매 5부제'를 도입하면서 마스크 수급이 안정되었지요.

선진국 대열에서도 선두자리를 지키고 있는 미국은 한국과 정반대의 노선을 택했고, 그 결과는 '코로나19 누적 사망자 수 세계 1위'라는 오명으로 이어졌습니다. 특히 미국의 민영보험 제도는 코로나19라는 재난 사태에서 더욱 끔찍한 악몽이 되었습니다. 2020년 3월 19일 〈타임TIME〉은 미국에서 보험이 없는 경우 코로나19 진단비와 치료비로 개인이 부담해야 하는 비용이 너무 비싸다며, 한 여성이 받은 진료청구서를 공개했어요. 진료청구서에 적힌 금액은 3만 4,927달러, 한화로는 약 4,000만 원입니다. 보험이 없는 수많은 노동자 계층은 어쩔 수 없이 치료를 포기해야 했습니다. 그들에게는 인간의 존엄을 지켜줄 최소한의 '안전'을 살 돈이 없었던 겁니다.

미국으로 대표되는 신자유주의 체제에서 공공의료는 시장에 잠식된 지 오래입니다. 공공성이 제 역할을 하지 못하는 시장경제 체제에서 재난은 가난한 사람들에게 더욱 가혹했습니다. 코로나19라는 재난은 공평하지 않았고, 오히려 불평등을 심화하고 가속화했어요. 코로나19가 특정 기저질환을 가진 사람에게 더욱 위험하다고 하는데, 그에 못지않게 위험한 사람은 불평등 구조의 최하단에 있는 사람들이었죠. 소규모 하청업체, 비정규직 노동자, 영세 자영업자 등 하루라도 일하지 않으면 먹고살 길이 막막한 그들 역시 '빈곤'이라는 치명적인 기저질환을 피할 길이 없었던 겁니다.

김누리

각자도생 사회에서 모두 함께 살아가는 사회로

우리는 코로나19 사태를 통해서 '정의로운 공공성'의 가치를 절감했습니다. 공정한 국가, 정의로운 정부가 할 수 있고 해야 하는 일은 바로 국민의 '안전'과 '존엄'을 지켜주는 겁니다. 물론 시장경제의 효율성을 전면적으로 부인할 수는 없겠지요. 하지만 인간이 존엄한 존재로 살아가는 데 필요한 최소한의 조건이 되는 교육·의료·주거의 영역만큼은 시장의 논리에만 맡겨두어선 안 됩니다. '존엄성'을 시장에서 상품처럼 거래되도록 하면 안 된다는 겁니다. 국가가 공적 영역에서 적극적으로 개입하고, 실효성 있는 복지 정책을 실행해야 합니다.

지금 한국 사회에서는 너무나 많은 사람들이 아슬아슬한 생존의 벼랑 끝에 매달려 있습니다. 그들은 '국가는 나의 삶을 지켜주지 않는다'는 절망과 마주하며 추락하지 않기 위해 안간힘을 쓰고 있습니다. 한국의 청소년 자살률, 노인 빈곤률, 노동자 사망률, 소득 불평등은 세계 1위이거나 최상위 수준입니다. 반면에 행복지수, 출산율, 기업생존율, 고용안정성, 사회복지지출은 세계 꼴찌이거나 최하위 수준입니다. 이탈리아 철학자 프랑코 베라르디Franco Berardi는 어떤 안전망도 보호장치도 없는 불안 사회가 대한민국을 "현대 니힐리즘nihilism의 가장 급진적인 형태"로 만들었다고 지적했습니다.

코로나19 사태는 공공성의 가치를 보여주는 한편, 무능한 국가가 어떻게 불행한 사람들을 '낭떠러지 생존'으로 몰아넣는지도 적나라하게 보여주었습니다. 팬데믹을 겪으며 우리는 극심한 양극화와 불평등의 그늘이 만들어낸 복지 사각지대가 너무 많다는 것을 고통스럽게 확인해야 했습니다. 우리 국가는 감염병으로부터 국민들을 구할 수 있었지만, 불평등으로부터 사람들을 구하지는 못했습니다.

한국은 전 세계에서 가장 불평등한 나라에 속합니다. 참여정부 시절 청와대 국민경제비서관을 지낸 정태인 전 칼폴라니사회경제연구소 소장은 "자본주의 역사상 한국만큼 불평등한 공동체는 없었다"라고 말했을 정도입니다. 소득 분배 불평등 지표인 '지니계수Gini's coefficient'를 보더라도, 2019년 한국의 가처분소득 기준 지니계수는 0.339로 OECD 36개국 중에서 열한 번째로 높았습니다. 소득이 중위소득의 50퍼센트 미만인 계층이 전체 인구에서 차지하는 비율을 말하는 '상대적 빈곤율'의 경우에는 2019년 기준 16.3퍼센트입니다. 그런데 66세 이상 장년층의 상대적 빈곤율은 43.2퍼센트로 OECD 국가 중 1위입니다. 사실 소득 불평등은 한국 사회에 만연한 불평등의 아주 일부분만 보여줄 뿐입니다.

한국 사회의 어두운 민낯을 보여주는 또 다른 숫자가 있죠. 산업재해로 인한 노동자 사망률입니다. 지난 23년간 단 두 차

김누리

례를 제외하곤 OECD 회원국 중 1위를 내준 적이 없다고 합니다. 1998년부터 2019년까지 4만 7,552명의 노동자가 일터에서 죽었어요. 매년 2,200여 명이 일하다 죽은 거예요. 이 정도면 사실 '전시 상태'라고 봐야 합니다. 자본과 노동이 상시적인 내전 상태에 있는 것이죠.

한국은 출산율도 전 세계에서 198위로 꼴찌입니다. 유엔인구기금UNFPA이 펴내는 〈2020 세계인구현황 보고서State of the World Population Report 2020〉에 따르면, 2020년 기준 한국의 합계출산율은 1.1명입니다. 합계출산율은 '15세에서 49세의 여성이 낳을 것으로 예상되는 평균 출생아 수'를 말합니다. 한국은 그 숫자가 2018년과 2019년에 각각 0.98명, 0.92명으로 1명이 채 되지 않았습니다. 2020년에 약간 상승했지만 여전히 꼴찌를 면하지 못한 상태입니다. 정부에서 저출산 문제를 해결하겠다고 쏟아붓는 예산이 수조 원대입니다. 그런데도 이렇게 출산율이 계속 떨어지는 건 한국 사회에서 살아가는 것이 얼마나 힘들고 고통스러운지를 잘 보여주는 거죠.

한국의 경제 발전은 이미 오래전 선진국 수준에 이르렀습니다. 하지만 경제 발전의 혜택이 지나치게 소수의 사람들에게만 돌아갔습니다. 자유시장경제 원리에 따라 국가의 개입을 최소화한 결과가 극심한 양극화와 불평등으로 나타난 겁니다. 소수의 사람들만 잘사는 나라가 아닌 모두가 함께 잘사는 그런 나라로 가기 위해서는 국가의 적절한 개입과 역할이 필요합니다. 가난한 사람을 골라내서 선심 쓰듯 돈을 쓰라는 의미가 아닙니다. 통제하고 규제하라는 의미도 아니에요. 승자독식의 패러다임에 갇힌 현재의 제도와 정책을 개혁해서 복지국가로 가야 한다는 의미입니다.

지금 한국은 세계 주요국들 가운데 가장 작은 정부예요. 이건 정부가 쓰는 재정지출의 내용을 보면 금방 알 수 있습니다. OECD의 〈2020 경제 보고서Economic Outlook 2020〉의 통계에 따르면, 2020년 프랑스의 GDP(국내총생산) 대비 재정지출 비율은 54.5퍼센트입니다. 핀란드가 53.1퍼센트, 노르웨이가 50.7퍼센트, 덴마크가 50.2퍼센트로, 유럽의 복지국가들은 교육, 의료, 주거 등의 영역에 대한 공공지출이 그만큼 높다는 것을 알 수 있죠. 한국은 어떨까요? 35.5퍼센트밖에 되지 않습니다. 자유주의시장경제의 대표적 국가인 미국의 38.4퍼센트보다도 낮습니다.

이것이 의미하는 바는 무엇일까요? 한국 정부는 교육·의료·주거 등의 영역을 모두 시장에 맡겨놓고 있다는 거죠. 특히 한국은 사교육 비중이 높고 대학등록금이 비싸기로 유명합니다. 독일, 이탈리아, 프랑스의 국공립대 비율은 각각 95퍼센트, 93퍼센트, 86퍼센트에 이르는 반면, 한국은 12.6퍼센트에 불과합니다. 2020년 교육부가 발표한 자료에 따르면, 한국의 4년제 대학 연간 등록금은 평균 670만 원가량입니다. OECD 국가들

김누리

가운데 미국에 이어 두 번째로 등록금이 비싼 나라예요. 한국은 마땅히 정부에서 부담해야 할 몫을 민간에 떠넘기면서 사실상 고등교육을 시장에 방치해왔다고 봐야 합니다.

또 한국의 공공병원 비율은 5퍼센트밖에 되지 않습니다. 나머지 95퍼센트는 민간병원이에요. 유럽 복지국가들의 국공립병원 비율이 60~70퍼센트에 이르는 것과 매우 상반되죠. 의료 시스템이 완전히 시장에 맡겨져 있다고 하는 미국조차 공공병상의 비율이 20~30퍼센트입니다. 우리의 공공병상 비율은 10퍼센트에 불과하지요. 전체 주택 대비 공공임대주택의 비율도 7퍼센트 내외로 OECD 평균인 8퍼센트에 미치지 못하는 수준입니다. 청년 세대의 주거빈곤율은 특히 심각하죠. 청년 10명 중 2명은 '지옥고', 즉 지하방 아니면 옥탑방, 고시원에 살고 있다는 거예요.

IMF(국제통화기금) 보고서에 따르면, 코로나19 사태를 겪은 2020년에 한국의 기초재정수지 적자는 GDP 대비 3.7퍼센트로 34개 주요국 중 두 번째로 적다고 합니다. 적자가 적으면 국가에서 살림을 잘한 거 아니냐고 할 수 있는데, 저는 그렇게 생각하지 않습니다. 다른 나라들이 코로나19로 인한 피해를 복구하고 고통에 빠진 국민들을 돕기 위해 막대한 수준의 재정을 쏟아부을 때 한국은 상대적으로 인색했다는 말이거든요.

지금 한국 사회의 곳곳에 곪아 있는 문제들을 치유하고 해결하기 위해서는 정부가 재정지출을 늘려서 공적 경제를 확대하고 복지를 강화해야 합니다. 그래야 뒤에 남겨두는 사람 없이 모두 함께 가는 사회를 만들 수 있습니다. 물론 이는 정부의 의지만으로는 안 됩니다. 개개인을 포함한 사회 전체의 혁명적인 변화가 필요합니다. 소수의 기득권층이 다수의 사회적 약자를 약탈하는 '야수 자본주의'의 현실을 타개해야 합니다. 각자도생의 극단적 개인주의 사회에서 벗어나 모든 국민이 생존의 불안 없이 존엄한 존재로서 살 수 있는 복지사회로 전환해야 합니다.

자본주의적 욕망에서 생태적 상상력으로

코로나19 사태를 통해 배운 세 번째 교훈은 자연과 인간의 생태계 조화가 얼마나 중요한가 하는 점, 즉 자연을 살리지 않으면 인간 역시 존재할 수 없다는 점입니다. 코로나19는 철저히 파괴된 생태계에 대한 경고로 지구가 꺼내든 옐로카드입니다. 과학자들도 신종 감염병의 원인으로 무분별한 생태계 파괴와 기후변화로 인한 지구 온도 상승을 지목하고 있습니다. 우리가 당면한 생태적 위기의 원인은 자본주의의 내재적 작동방식에 있습니다. 단기적 성장과 효율성을 우선시하는 지금의 자본주의 시스템을 근본적으로 뜯어고치지 않으면 우리는 앞으

김누리

로 더욱 끔찍하고 고통스러운 자연적 재난을 피해갈 수 없을 겁니다.

지금 세계의 공장들에서는 수요와 상관없이 필요하지 않은 물건을 끊임없이 만들어내고 있습니다. 과잉생산 자본주의 시대를 살고 있는 겁니다. 여기서 우리는 자본주의의 결정적인 결함을 마주합니다. 그것은 바로 '자전거 자본주의'라고 부를 수 있는 것입니다. 자전거 페달을 밟지 않고 멈추면 그대로 넘어지듯이, 자본주의 체제도 생산을 멈추는 순간 쓰러집니다. 그래서 수요와 상관없이 무조건 생산을 계속할 수밖에 없는 거죠. 그러니 기업에서는 어떻게든 소비를 하도록 온갖 수단을 동원해서 소비자를 유혹합니다. 그들의 내면에 '허위 욕망'을 만들어내는 것이지요.

텔레비전을 한번 보십시오. 끊임없이 "소비하라, 소비하라, 소비하라" 24시간 소비의 복음을 전하고 있습니다. 인간의 욕망을 끊임없이 자극해서 '소비 기계'로 전락시키고 있는 거죠. 안타깝게도 오늘날 우리는 이러한 자본주의적 욕망에 의해 생태적 상상력이 압도당하고 있어요. 사람들이 만나면 늘 하는 대화라는 것이 고작 주식이 어떻고 부동산이 어떻고 이런 것들뿐입니다. 아파트가 얼마고 자동차가 얼마고, 이런 물질과 소비에 대한 이야기를 할 뿐, 어떤 정신적 가치, 존재의 의미, 예술의 신비에 대해서는 거의 대화를 나누지 않습니다.

전 세계 소비 트렌드를 주도하는 키워드로 자리 잡은 '죄책 감으로부터 자유로운 소비Guilt Free Consumption'에 대해 들어보 셨을 겁니다. 예를 들면, 2019년 스웨덴에서 시작돼 유럽 전역 으로 퍼져나간 '플뤼그스캄flygskam'이라는 환경운동이 있어요. 영어로는 '플라이트 셰임flight shame'이고, 직역하면 '비행기 타 는 것을 부끄러워한다'입니다. 다시 말해, 교통수단 중 가장 많 은 이산화탄소를 배출하는 비행기 대신 다른 교통수단을 이용 해 환경을 보호하자는 캠페인 용어입니다.

실제로 비행기에서 배출되는 이산화탄소는 매우 심각한 수 준이에요. 유럽환경청EEA에 따르면, 1킬로미터 이동 시 승객 1 인당 이산화탄소 배출량은 항공기가 285그램이고, 기차는 14 그램입니다. 비행기가 기차보다 무려 20배나 많은 이산화탄소 를 배출한다는 거예요. 유럽 전역에서 환경을 위한 비행기 탑 승 반대 운동이 급물살을 타자 캠페인을 넘어 국가 차원의 대 응이 이루어졌습니다. 이미 유럽 국가들은 항공기 운항에 따 른 환경세를 부과하기 시작했어요.

독일 시사주간지 〈슈피겔Spiegel〉이 발표한 여론조사 결과에 따르면, 독일인 10명 중 8명은 환경을 위해 기꺼이 소비방식을 바꾸겠다, 심지어 소비를 포기할 수도 있다고 말합니다. 많은 독일인들이 소비할 때 죄책감을 느낀다고 합니다. 그들의 생태 의식에서는 소비가 지구의 미래 생명에 대한 책임을 방기하는

김누리

행위이기 때문입니다. 지금 나의 욕망을 충족시키기 위해서 소비를 함으로써 미래 생명이 살아갈 이 지구의 일부를 훼손한다고 생각하는 겁니다. 왜 그럴까요? 모든 소비는 결국 어떤 형태로든 생산품을 향유하는 것이고, 모든 생산품은 자연의 변용 내지 파괴의 결과물이기 때문입니다.

그런데 한국 사회는 생태의식만 놓고 봤을 때 후진국 중에 후진국이라 할 만한 모습을 보여주고 있습니다. 아직까지도 '더 많은 소비를 해야 한다', '소비가 좋은 것이다'라는 인식이 지배적입니다. 소비를 해야 일자리가 생기고, 경제가 돌아가고, 부강한 나라가 된다는 논리가 지배하는 세상인 거죠.

저는 이러한 소비 이데올로기가 한국 사회의 미래를 굉장히 치명적인 위험에 빠뜨릴 수 있다고 우려합니다. 한국은 세계 10위권의 경제 대국입니다. 인구 5,000만 명 이상이면서 1인당 국민총소득GNI이 3만 달러가 넘는 국가를 일컫는 '5030 클럽'에 일곱 번째로 가입했을 정도입니다. 그런데 한국은 전 세계에서 이산화탄소 배출량 증가 속도가 가장 빠른 나라이기도 합니다. 국제사회에서 한국에 '기후악당'이라는 오명을 씌웠지만, 이에 반박할 수 있는 근거는 사실상 어디에도 없습니다.

지금의 자본주의 체제가 계속된다면 '22세기가 오지 않을 것'이라는 말을 유럽에서는 20~30년 전부터 심심찮게 들을 수 있었습니다. 자본주의가 초래할 생태적 묵시록 때문에 인류의 미래에 대해 비관적인 전망이 우세합니다. 자연이 가진 자기복원력과 치유력이 이미 깨어진 상태라고 보기 때문이에요. 그렇게 되면 지금 살고 있는 아이들이 지구의 문을 닫고 나갈 '최후의 인류'가 될 가능성이 큽니다.

현대 사회가 물질문명에 기초하고 있는 것은 분명하지만, 다른 한편으론 물질문명이 지닌 한계에 대해서도 명확히 인식하고 현명하게 대응해야 합니다. 이러한 기조에서 나온 것이 '탈물질주의'의 흐름입니다. 물질주의가 경제적 성공에 따라 사회적 신분이 서열화되는 구조를 갖고 있다면, 탈물질주의는 지속 가능한 삶과 사회적 책임을 중심에 두고 있습니다. 탈물질주의 문화는 서구에서는 이미 '68혁명'* 이후 본격적으로 확산되기 시작하여 지금은 하나의 거대한 사회적 흐름으로 자리 잡고 있지만, 한국에는 아직도 도착하지 않았습니다.

코로나19 팬데믹은 우리에게 생태적 삶으로 전환하지 않으면 미래가 없다는 절박한 경종을 울리고 있습니다. 이제 한국도 생태 사회로의 근본적인 전환을 이루어야 합니다. 그러기 위해서는 물질주의를 벗어나 '생태적 상상력'을 키워주는 교육

● 1968년 5월 프랑스에서 학생과 근로자들이 일으킨 대규모 사회변혁운동이다. 정부의 실정과 사회의 모순으로 인한 저항운동, 노동자들의 총파업 투쟁이 더해지면서 프랑스 전역에 권위주의와 보수체제 등 기존의 사회에 강력하게 항거하는 운동이 일어났다. 68혁명을 계기로 프랑스에서는 평등, 성해방, 인권, 공동체주의, 생태주의 등이 사회의 주된 가치로 자리매김했다. 이처럼 프랑스에서 시작된 68운동은 유럽을 거쳐 전 세계로 퍼져나갔다.

김누리

이 필요합니다. 지금 한국의 아이들은 자본주의 질서에 예속되어 물질주의의 덫에 걸려 있습니다. 아이들에게 꿈이 뭐냐고 물으면 '건물주'가 되는 거라고 답하는 나라입니다. 이처럼 어린 나이부터 물질주의에 물들어 있는 아이들이 과연 정상적인 인간으로 성장할 수 있을까요? 자본의 논리만이 지배할 우리 사회에서 교육은 생태적 지옥으로 향하는 교육이 될 수밖에 없습니다.

캐피탈리즘에서 라이피즘으로

독일의 사회주의 이론가이자 혁명가였던 로자 룩셈부르크 Rosa Luxemburg는 1915년 독일 사회민주주의의 위기에 관해 쓴 책에 "부르주아 사회는 사회주의로의 이행이냐, 야만으로의 퇴보냐 하는 교차로에 서 있다"라는 유명한 문구를 남겼습니다. 그리고 이 말은 "사회주의냐, 야만이냐"라는 구호로 만들어져 수많은 사회학자들과 혁명가들에게 인용되었습니다.

최근 독일 학생들의 시위에서 "자본주의냐, 삶이냐 Capitalism vs. Life"라는 구호가 등장했습니다. 한 세기 전 혁명가의 외침을 계승한 것이 분명해 보이는 이 구호는 우리가 처한 현실의 핵심을 정확하게 겨누고 있습니다. 자본주의가 인간의 삶과 생존과 생명에 적대적인 체제임을, 즉 안티라이프 anti-life 체제임을 확실하게 폭로하고 있는 것입니다.

저는 자본주의에 대한 새로운 대안으로 라이피즘lifism을 제안하고 있습니다. 라이피즘은 자본주의가 개인적 차원에서는 인간의 삶life을, 사회적 차원에서는 인간의 생존life을, 생태적 차원에서는 인간의 생명life을 파괴하는 안티라이프 체제라는 점에 주목합니다. 라이피즘은 인간, 사회, 자연을 파괴하는 자본주의를 극복하기 위한 강력하고 근본적인 대안을 모색하는 일련의 사상적·실천적 활동입니다.

라이피즘은 자본주의가 파괴하는 삶, 생존, 생명의 영역을 총체적으로 겨눈다는 점에서 주로 사회적 착취와 불평등을 문제 삼는 사회주의보다 포괄적이고 진취적인 개념입니다. 무엇보다 라이피즘은 이데올로기적 유산에서 자유롭습니다. 20세기를 물들여온 온갖 이데올로기들의 대립적 분쟁을 넘어 자본주의에 반대하는 모든 정파를 아우를 수 있기 때문이죠.

인간의 삶과 생존과 생명을 존중하고, 그 바탕이자 전제인 생태를 중시하는 사람은 라이피스트lifist라고 할 수 있습니다. 우리가 22세기를 넘어 지속가능한 삶을 이어가려면 모두가 라이피스트가 되어야 합니다. 더 나아가서는 한국의 교육이 아이들 한 명 한 명을 라이피스트로 키워낼 수 있어야 합니다. 그것이 코로나19 펜대믹이 인류에게 준 옐로카드의 의미를 깨닫고, 지속가능한 미래를 꿈꿔볼 수 있는 유일한 길입니다.

김누리

2장

새로운 성장동력

|장하준|

앞으로의 경제는
무엇을 중심으로
재편돼야 하는가

장하준

케임브리지대학교 경제학과 교수. 서울대학교 경제학과를 졸업하고 영국 케임브리지대학교에서 경제학 석사 및 박사 학위를 받았다. 2003년 신고전학파 경제학에 대안을 제시한 경제학자에게 수여하는 '뮈르달상'을, 2005년 경제학의 지평을 넓힌 경제학자에게 수여하는 '레온티예프상'을 최연소로 수상하면서 세계적인 경제학자로 명성을 얻었다. 세계은행, 아시아개발은행, 유럽투자은행 등의 자문을 맡았으며, 워싱턴 D.C.에 있는 '경제정책연구소(EPI)'와 국제구호개발기구 '옥스팜(Oxfam)'의 자문역으로도 활동하고 있다. 저서로 《사다리 걷어차기》, 《나쁜 사마리아인들》, 《그들이 말하지 않는 23가지》, 《장하준의 경제학 강의》 등이 있다.

'정부의 개입이 적을수록 좋다'는 도그마는 깨져버렸습니다. 선진국의 허상과 사회적 우선순위를 시장에 맡기는 신자유주의 한계도 드러났죠. 특히 코로나 19 위기 앞에서 우리는 '전 국민이 공평하게 보호받는 것의 중요함'을 깨닫게 되었고, 생계형 자영업자와 실업자, 돌봄노동자들이 처한 복지 사각지대를 직접 목격했습니다. 지금이야말로 경제지상주의에서 벗어나 '보편적 복지'를 중심으로 한 새로운 경제 패러다임으로 전환해야 할 적기입니다.

기로에 선 신자유주의, 코로나19는 무엇을 바꾸었는가

코로나19 사태가 1년 넘게 지속되면서 우리는 참 많은 변화를 겪고 있습니다. 1980년대 이후 세계를 지배해온 신자유주의적 고정관념들이 대부분 깨져버렸어요. '정부 개입은 적을수록 좋다'는 도그마도 깨졌어요. 정부가 적극적으로 개입해 감염병을 통제한 한국, 뉴질랜드, 핀란드 등의 나라들이 피해를 덜 입었죠. 영국, 미국, 프랑스와 같은 나라들에서 더 많은 감염자와 사망자가 나오면서 '선진국의 허상'이 드러났고요.

전 세계의 경제 침체는 감염병 대유행 사태와 맞물리면서 복합위기가 됐습니다. 나라에서 돈 풀고 구조조정해도 해결할 수 없는 까다로운 문제들이 많아요. 지금 겪고 있는 변화들은 단기간의 변화로 끝나는 것이 아니라 커다란 물줄기, 즉 '흐름' 자체를 변화시킬 겁니다. 우리 삶, 우리 사회의 패러다임 자체가 변화할 거라는 이야기입니다.

우선은 경제 상황부터 살펴볼까요. 지금 세계 경제는 1997년

장하준

IMF 위기나 2008년 금융 위기 때보다 훨씬 심각합니다. 1929년의 대공황에 버금가는 위기입니다. 2020년 5~6월에는 미국의 실업률이 대공황 때 수준으로 올라가기도 했습니다. 최근 미국 의회예산국CBO이 발표한 보고서에서는 미국의 실업률이 코로나19 사태 이전 수준으로 돌아가려면 10년은 지나야 한다는 전망이 나오기도 했습니다. 또 유일하게 플러스 성장을 기록한 중국을 제외한 대부분 국가가 2020년 마이너스 성장을 했어요. 한국은 강력한 봉쇄 조치 없이 방역에 성공하면서 선방을 했는데도 역시나 -1.0퍼센트로 역성장을 했지요. 미국과 일본도 각각 -3.5퍼센트, -4.8퍼센트로 마이너스 성장률을 기록했고요.

그런데 희한하게도 주식시장은 호황이에요. 코스피지수가 3,000을 돌파했는데, 이는 1950년대 한국거래소가 문을 연 뒤 가장 높은 수치입니다. 미국 3대 증시지수인 나스닥, 다우존스, S&P500 모두 사상 최고치의 지수를 기록하고 있습니다. IMF가 추산한 세계 주가상승률은 50퍼센트에 이릅니다. 이렇게까지 주식시장이 과열된 이유가 뭘까요? 지난 30여 년 동안 금융자유화와 규제 완화를 통한 금융산업의 발전이라는 노선을 걸어오면서 주식시장이 실물경제와 완전히 괴리되었기 때문입니다. 지금 주식시장은 금융자산을 가진 사람들, 그러니까 거기에 돈을 넣을 수 있는 사람들끼리 벌이는 도박판이나 다름없습니다.

지금 이런 상황은 코로나19로 갑자기 발생한 건 아닙니다. 2008년 금융 위기 이후 대부분 국가에서 양적완화 정책을 썼습니다. 중앙은행에서 기준금리를 낮추고 돈을 많이 풀었죠. 그런데 이 돈이 실물경제로 가지 않고 대부분 자산시장, 즉 주식과 부동산으로 흘러갔어요. 돈이 실물경제로 갔다면 일자리가 늘어나고 급여소득이 올라갔겠죠. 그런데 급여소득보다 자산소득이 훨씬 빠르게 증가했습니다. 경제가 채 회복되지 않은 상태에서 자산버블만 키운 거예요.

지금 우리 눈앞에서 벌어지는 주식시장 호황은 실물경제와는 아무런 상관이 없어요. 주가가 실물경제에 기반하고 있다면 이럴 수가 없거든요. 2008년 금융 위기 때 문제가 된 경제 구조를 바로잡으면서 금융시장 규제를 강화하고 재정비해야 했는데, 그렇게 하지 못했어요. 한다, 안 한다 말만 무성하다가 그냥 흐지부지됐죠. 미국 같은 경우는 도널드 트럼프Donald Trump 대통령이 당선되면서 이전에 개혁한 것들까지 다 없애는 바람에 오히려 옛날로 돌아갔어요.

금융시장이 실물경제와 괴리되어 실질적인 경기부양에 아무런 도움이 되지 않는 이런 상황은 사실 엄청난 병리 현상입니다. 그런데도 이것이 얼마나 이상한 상황인지 이야기하고 문제점을 지적하는 사람이 별로 없죠. 그건 여론을 주도하는 사람들, 즉 정치인이 됐건 금융시장의 큰손이 됐건, 그들에게는 이

장하준

런 상황이 오히려 반가우니 굳이 말을 하지 않기 때문이에요. 이야기를 듣지 못하니까 나머지 사람들은 단순히 '어떻게 이럴 수 있지?'라는 의문 정도에서 끝나버리죠. 결국 금융시장의 오래된 문제들이 치료되지 않은 채 언제 터질지 모르는 상태로 부풀어 올랐고, 그러다 코로나19 사태를 맞은 겁니다.

저는 코로나19 팬데믹 상황인 지금이 곪은 상처를 터트리고 치료할 수 있는 적기라고 생각합니다. 금융 규제를 강화해야 합니다. 예전에는 규제는 무조건 풀어야 좋은 거라고 생각했지만, 이제는 규제를 너무 풀어서 문제가 생긴 곳이 없는지 되돌아봐야 할 때입니다.

승자독식의 '압정형 사회'로 가지 않으려면

코로나19는 경제뿐 아니라 사회 영역에서도 많은 변화를 불러왔습니다. 지금 우리가 어떤 선택을 하느냐에 따라 앞으로의 세상은 더 많이 달라질 겁니다. 가령 우리는 이번에 코로나19 사태를 겪으면서 보편적인 의료나 복지가 얼마나 중요한지 알았잖아요. 그런데 어떤 제도나 정책이든 실행 자체보다는 '어떤 식으로 이루어가느냐'가 더 중요합니다. 사회적인 토론 과정에서 어떤 세력들이 어떻게 힘겨루기를 해서 무엇을 얻어내느

나에 따라 완전히 다른 변화를 만들어낼 수 있다는 겁니다. 전 국민의 복지·의료·노동권이 강화되는 복지국가로 갈 수도 있고, '경제가 이렇게 어려운데' 하면서 심리적으로 위축되는 바람에 사람들이 자기방어에 실패하면 도리어 소위 1퍼센트의 사람들에게 유리한 쪽으로 바뀔 수도 있겠죠.

지금으로선 소수의 승자가 독식하고 나머지 절대다수는 도태되는 '압정형 사회'의 출현도 충분히 예상할 수 있습니다. 극단적으로 말하면, 세계의 0.1퍼센트가 99퍼센트의 부를 다 가져가는 사회, 대다수의 사람이 안정된 일자리가 없는 사회의 출현까지도 예상할 수 있는 거죠. 왜냐하면 1퍼센트의 사람들이 바라는 사회가 바로 그런 사회니까요. 자신들이 모든 플랫폼을 통제하고, 많은 사람들이 안정된 직장 없이 그때그때 나와 일하면서 적당히 먹고사는 사회말입니다.

1951년에 미국의 공상과학 소설가 커트 보니것Kurt Vonnegut Jr.이 《자동 피아노Player Piano》라는 소설에서 바로 그런 사회를 그리고 있어요. 모든 게 자동화돼서 사람들이 먹고사는 데는 별걱정이 없어요. 기본소득이 보장되는 거겠죠. 경영자, 과학자, 엔지니어 이런 사람들만 직장이 있는 겁니다. 그런데 나머지 사람들은 먹고사는 걱정이 없는 대신 행복해지지 않아요. 인간이 노동에서 삶의 의미를 찾는 측면이 큰데, 그런 게 충족되지 않아 너무나 불행한 거예요. 우리가 지금 잘못하면 미래에 이런 사회가 올 수도 있어요.

물론 이건 최악의 시나리오예요. 4차 산업혁명이 불러올 유토피아가 아니라, 4차 산업혁명이 만드는 최악의 상황을 가정한 거죠. 그런데 이렇게 가지 않아도 돼요. 가지 않을 수 있어요. 기술만으로 세상일이 다 정해지는 게 아니거든요. 기술이 나날이 발전해서 노동에 대한 수요가 줄어든다 하더라도, 다른 쪽에서는 또 필요한 노동이 생기게 마련입니다. 예를 들어, 로봇을 많이 만들어서 노동자를 대체한다 하더라도 로봇 만드는 회사에는 일하는 사람이 필요하잖아요. 로봇을 정비하고 수리하는 사람도 있어야 하고요. 자동화된다고 해서 모든 직업이 사라지는 건 아니에요.

'기술결정론'이라는 게 굉장히 위험합니다. 우리가 기술결정론을 믿기 시작하면 기술을 통제하는 사람들에게 권력을 넘겨주게 되거든요. 기술을 절대적으로 신봉하지 않으면서도 기술이 발전하는 틀 내에서 얼마든지 다른 식으로 대응할 수 있어요. 사실 어떤 게 직업이 되고, 얼마의 보수를 받느냐 하는 문제를 기술이 100퍼센트 정하지 않아요. 오히려 사회구성원들이 이 문제에 대한 정치적·사회적 합의를 어떻게 하느냐에 따라 정해지는 측면이 큽니다.

가령 예전에는 가사, 교육, 의료, 식자재 생산, 배달 등과 같은 돌봄노동에 대해서 별로 관심을 기울이지 못했지만, 코로

코로나19 확산에 따라 누군가의 돌봄이 필요한 이들의 안전과 생명을 책임지는 사람들, 즉 돌봄노동자들의 업무 강도가 한층 강해졌다. 비대면이 일상화됨에도 불구하고 돌봄 노동자 대다수는 감염 위험에 노출된 채 대면 노동을 이어가고 있다.
출처 : 연합뉴스

나19 사태를 겪으면서 지금은 '아, 이런 게 없으면 사회 자체가 유지가 안 되겠구나' 하는 중요성을 사람들이 많이 느꼈단 말이죠. 그러면 그걸 발판으로 삼아서 '우리 사회에서 돌봄노동이 중요하니까 이런 일을 하는 사람들에게 보수를 제대로 주자'라고 바꿀 수 있습니다.

가사노동을 하는 사람들에게 가사노동 수당을 주는 것도 복지의 틀 안에서 생각해볼 수 있어요. 양로원 같은 노인복지시설에 요양보호사가 최소 몇 명 이상이어야 한다는 규정을 만들면 그런 규정 덕분에 일자리가 늘어나겠죠. 지금 초등학교

장하준

는 한 반에 정원이 30명 정도인데, 그걸 15명으로 줄이면 어떻게 될까요. 교사 수요가 늘어나서 역시나 일자리 수가 증가하는 효과를 가져오죠. 이런 식으로 해서 많은 일자리를 창출할 수 있습니다.

코로나19 사태를 계기로 우리는 돌봄이 필요한 취약계층이 얼마나 많은지, 돌봄노동을 하는 사람들의 환경이 얼마나 열악한지 잘 알게 됐죠. 이런 분야는 공장 자동화와 상관없이 앞으로 더 많은 일손이 필요하게 될 겁니다. 4차 산업혁명으로 기술이 발전하고 로봇이 인간의 노동을 대체하게 되더라도 그것이 우리에게 위협만 되는 건 아니에요. 우리가 어떻게 사회적 합의를 하고 어떤 선택을 하느냐에 따라 압정형 사회가 될 수도 있고, 연대와 협력을 하면서 다 같이 잘사는 사회가 될 수도 있습니다.

자영업자를 위한 안전망 구축을 해야 한다

코로나19 이후 한국 경제의 또 다른 시급한 과제는 자영업자를 지원하고 보호할 수 있는 안전망을 구축하는 겁니다. 그 이유는 한국의 자영업자 비율이 다른 나라에 비해 월등히 높기 때문이에요. OECD 국가들의 자영업자 비율이 전체 노동

인구의 18퍼센트 안팎인데, 우리나라는 24.6퍼센트나 됩니다. 미국 같은 경우는 기업가정신이 높다고 하는데도 사실상 자영업자 비율은 6.1퍼센트밖에 안 됩니다.

특히 한국에는 생계형 자영업자가 많습니다. 직장에서 일찍 밀려난 40~50대가 재취업 기회를 잡지 못해 자영업에 뛰어드는 경우가 많으니까요. 그런데 자영업자들은 임금생활자와 비교했을 때 훨씬 더 많은 경제적 위험에 노출돼 있어요. 경기 변동이나 유행 변화 등에 굉장히 민감할 수밖에 없으니까요. 그러다 보니 치킨집을 열었다가 한 번 망하면 그대로 극빈층으로 전락하는 경우가 많이 발생합니다.

코로나19로 가장 많은 피해를 입은 계층도 자영업자들이에요. 거리두기 단계가 상향조정될 때마다 식당, 카페, 노래방, 헬스클럽 같은 곳이 제일 먼저 영업제한을 받았잖아요. 그런데도 실업급여, 고용보험 등의 기본적인 노동복지 혜택조차 받지 못한 사람들이 많아요. 소상공인에게 재난지원금을 지급하긴 했지만, 그것만으로는 턱없이 부족하죠.

특히 법적으로 자영업자로 분류돼 노동법의 보호를 받지 못하는 플랫폼 노동자*들이 늘어나고 있어요. 음식배달원, 대리

---

* 정보통신기술의 발전으로 만들어진 디지털 플랫폼을 매개로 용역을 제공하는 노동자를 말한다. 스마트폰의 사용이 일상화되면서 등장한 노동 형태로, 대리운전앱, 배달대행앱 등이 이에 속한다. 플랫폼 노동자들은 노동자가 아닌 자영업자로 분류되며, 앱의 특성상 관련된 이들과 수수료를 분배해야 한다.

　　　　　　　　　　　　　　　　　　　　　　장하준

운전기사, 퀵서비스, 가사도우미 등이 모두 플랫폼 노동자들인데, 2018년 55만 명에서 2020년 179만 명으로 3배나 늘어났어요. 분명 노동자인데도 노동법의 테두리 안에서 보호를 받지 못하는 노동자들이 더 많아지고 있는 겁니다. 이번 코로나19로 영세 자영업자나 플랫폼 노동자의 문제가 얼마나 심각한지 확실하게 드러났잖아요. 이를 계기로 그들의 노동권을 강화하고 안전망을 확대해야 합니다.

하지만 지금 우리나라의 복지는 제도 자체가 매우 약합니다. 한국의 GDP 대비 복지지출 비율이 12.2퍼센트인데, OECD 37개국 중에서 34위예요. 한국 뒤에 멕시코, 칠레, 터키밖에 없어요. 이게 2019년 수치이고, 2~3년 전과 비교해 많이 늘었다고 하는데도 이 정도예요. 지금도 한쪽에서는 "엄청나게 퍼주고 있다"라고 이야기하는데, 다른 나라에 비하면 많이 부족한 겁니다. 복지지출을 가장 많이 하는 프랑스는 31퍼센트이고, OECD 평균은 20퍼센트예요.

2021년 2월에 IMF에서 세계 각국의 재정 상황을 업데이트한 보고서를 발표했는데, 한국이 2020년 코로나19 대응을 위해 추가로 쓴 재정 지원은 약 66조 원으로 GDP 대비 3.4퍼센트로 나왔습니다. 미국이 16.7퍼센트로 가장 많았고, 뒤이어 영국이 16.3퍼센트, 호주가 16.2퍼센트, 일본이 15.6퍼센트라고 합니다. 신흥개발국인 브라질과 중국, 남아프리카공화국, 아르

나라	GDP 대비 재정 지원 비율(%)	GDP 대비 금융 지원 비율(%)
미국	16.7	2.4
캐나다	14.6	4.0
유럽연합	3.8	6.8
영국	16.3	16.1
독일	11.0	27.8
프랑스	7.7	15.8
이탈리아	6.8	35.5
일본	15.6	28.4
한국	**3.4**	**10.2**
중국	4.7	1.3
인도	3.1	5.1
인도네시아	2.7	0.9
사우디아라비아	2.2	0.8
호주	16.2	1.8
아르헨티나	3.8	1.9
브라질	8.3	6.2
멕시코	0.7	1.3
러시아	2.9	1.5
터키	1.1	9.0
남아프리카공화국	5.5	4.3
스페인*	4.1	14.4

* 스페인은 G20 영구 초청국이다. 출처: IMF Fiscal Monitor Update

주요 20개국(G20)의 2020년 코로나19 대응 지출

헨티나도 각각 8.3퍼센트, 4.7퍼센트, 5.5퍼센트, 3.8퍼센트로 한국보다 재정 지원을 더 많이 했어요. G20 국가들 가운데 한국보다 재정 지원을 적게 한 국가는 5개국뿐이에요.

영업제한으로 상당한 피해를 본 소상공인과 자영업자에 대한 지원 역시 한국은 상대적으로 적었습니다. 영업제한 업종 소상공인 대상 3차 지원금으로 최대 300만 원을 지급한다고 발표했죠. 그런데 월 소득의 80퍼센트를 한도로 3개월치를 일시 지급하는 영국의 경우는 최대 받을 수 있는 금액이 한화로 1,140만 원 정도 됩니다. 영국에 비해 한국의 소득이 30퍼센트가량 높은 것을 감안하더라도 3배 정도 더 많이 지급하는 거죠.

미국은 소상공인을 지원하는 급여보호프로그램PPP을 가동했는데, 1인 자영업자를 포함한 소상공인과 직원 300명 이하의 중소업체들도 지원 대상입니다. 연방정부 재정을 통해 대출을 해주는데, 이 대출금을 인건비와 고정비(임차료 포함) 등 필요경비에 사용하면 갚지 않아도 되는 방식입니다. 형식은 대출이지만 사실상 현금을 직접 지원하는 거나 마찬가지예요.

자꾸 나쁜 면만 보면서 안 좋다고 이야기하고, 안 좋으니까 우리 모두 허리띠 졸라매고 복지도 줄여야 한다, 이런 식으로 주장하는 사람들이 있습니다. 그런데 저는 오히려 이렇게 힘든 상황을 계기로 삼아서 복지를 잘 정비하면 장기적으로는 더 좋아질 수 있다고 생각합니다. 기술 혁신이 가속화하고 평생직장 개념도 없어진 지금 같은 상황에서는 노동자들이 전직하기 쉽고, 구직하기 쉽고, 재교육도 받기 쉬운 그런 사회를 만들어야 경제가 잘 적응하고 발전할 수 있어요. 자꾸 보수적으로 생각해서 "옛날식으로 노동권도 없이 복지도 없이 살자"라고 말하는 사람도 있는데, 그럴 거면 지난 70년 동안 땀 흘리며 경제 개발을 왜 했는지 묻고 싶습니다.

새로운 경제 질서, 핵심은 '복지'

코로나19 위기를 통해 우리는 모든 사회구성원이 공동운명체라는 것을 다시 한번 확인했습니다. 감염병 대유행과 같은 재난 상황에서는 '모든 사람이 안전하지 않으면 아무도 안전하지 않다'라는 걸 확인한 거죠. 따라서 지금이야말로 지난 60여 년간 이어온 경제지상주의에서 벗어나 공동체의 연대와 협력, 안전과 행복에 우선순위를 두는 새로운 패러다임으로 전환해야 하는 적기라고 할 수 있습니다.

새로운 패러다임의 전환, 그 핵심에는 '복지'가 있습니다. 먼저 복지 개념을 잘 정립하는 것이 중요한데요, 요지는 '복지는 공짜가 아니라 공동구매'라는 겁니다. 복지를 위한 재정은 결국 국민의 세금으로 충당이 되잖아요. 우리 모두 세금을 내서 교육, 주거, 노동, 의료 등의 복지를 공동으로 구매하는 개념인 거죠.

장하준

무엇보다 중요한 건 바닥에 떨어진 사람들만 대상으로 하는 '선별적 복지'가 아니라 시민권에 바탕을 둔 '보편적 복지'로 가야 한다는 겁니다. 선별적 복지는 행정비용도 더 많이 들지만, 정치적으로도 지속가능하지 않습니다. 중산층 이상이 '나는 내기만 하고 국가로부터 받는 것은 거의 없다'는 식으로 생각을 하게 되면, 복지국가를 정치적으로 지지하지 않게 되거든요. 미국이 그런 좋은 예입니다. 그리고 무엇보다도, 사회 전반적으로 완충장치가 잘 되어 있어야 더 많은 사람들이 실패에 대한 두려움 없이 새로운 도전을 할 수 있어요. 지금 기술 발전 속도가 엄청 빠르잖아요. 기업가에게도 노동자에게도 도전과 실패가 빈번하게 일어날 수밖에 없어요. 복지가 강할수록 새로운 성장동력을 잘 만들어낼 가능성도 커지겠죠.

어떤 사람은 "복지와 성장은 상충한다"고 말하는데, 이런 주장을 뒷받침할 증거는 어디에도 없습니다. 복지와 성장이 그렇게 상충하는 것이라면 스웨덴이나 핀란드 같은 복지국가들이 미국보다 높은 성장률을 보이는 이유를 어떻게 설명할 수 있겠어요. 1990년대 후반부터 2000년대 초반까지 미국 경제에 거품이 끼었을 때를 제외하면, 2차 세계대전 이후 유럽 복지국가들의 성장률이 언제나 더 높았습니다.

이번 코로나19 사태에 한국은 전 세계에서 모범국가로 꼽힐 만큼 대응을 잘했습니다. 정부가 신속하게 대응했고, 기업들도 정부와 보조를 맞춰서 필요한 것들을 빨리 생산하고 재조직을 이뤄냈습니다. 국민들도 그렇게 어려운 상황에서 자발적으로 방역에 참여했어요. 방역에 성공하면서 경제도 잘 방어했는데, 이건 정말 대단한 일이에요. 한국의 국격이 올라갔고, 자부심을 가져도 마땅하다고 생각합니다.

한편으로는 코로나19를 통해서 우리의 약점도 알게 됐습니다. 복지 제도의 취약성, 특히 자영업자를 위한 안전망이 매우 취약하다는 걸 알게 됐어요. 또 코로나19는 무임금 혹은 저임금 노동이 당연시되었던 가사 및 육아 노동, 의료(의사는 제외), 교육, 식자재 생산과 배달 등과 같은 돌봄노동의 가치에 대해 다시 생각해보는 계기가 되기도 했습니다. 이들의 노동은 무임(가사노동의 경우)이나 저임이니까 시장에서는 가치가 낮은 노동이지만, 이번 일을 계기로 그런 노동이 우리 사회를 유지하고 재생산하는 데 얼마나 필수불가결한지 잘 알게 되었죠.

코로나19 이후 이런 약점과 취약한 부분을 잘 보완한다면, 한국 사회가 한층 도약하는 계기가 될 겁니다. 이제 한국은 세계 경제 질서를 더 공평하게 개혁하는 데에 선도적인 역할을 하는 나라로 거듭나야 합니다.

장하준

3장

체제의 대전환

| 홍기빈 |

불확실성의 시대에
필요한 뉴딜은
어떤 것인가

홍기빈

서울대학교 경제학과를 졸업하고, 동 대학원 국제정치경제학 석사 과정을 마쳤으며, 캐나다 요크대학교 대학원 정치학과에서 박사 과정을 수료했다. 금융경제연구소 연구위원을 거쳐, 현재 칼폴라니사회경제연구소(KPIA) 연구위원장과 글로벌정치경제연구소 소장을 맡고 있다. 여러 매체에 지구정치경제 칼럼을 기고하고 있으며 칼 폴라니, 소스타인 베블런 등에 근거한 대안적 정치경제학 마련과 신자유주의적 지구정치경제 체제의 변화 과정 포착을 연구 주제로 삼고 있다. 저서로 《살림/살이 경제학을 위하여》, 《비그포르스, 복지국가와 잠정적 유토피아》, 《소유는 춤춘다》 등이 있고, 역서로 《차가운 계산기》, 《경제인류학 특강》, 《돈의 본성》, 《거대한 전환》, 《카를 마르크스》, 《칼 폴라니 – 왼편의 삶》, 《21세기 기본소득》 등이 있다.

코로나19로 인해 지난 40년 동안 전 지구적 산업 문명을 떠받치던 네 개의 서까래, 즉 산업의 지구화, 도시화, 금융화, 대의제 민주주의가 흔들리거나 작동을 멈추었습니다. 우리는 역사의 변곡점을 지나 거대한 전환의 소용돌이에 들어섰습니다. 2019년 이전의 경제 원칙들에서 벗어나 새로운 발상과 새로운 실험으로 과감하게 나아가야 합니다. 어떤 역사에도 없는 새로운 길을 걸어갈 결단이 필요합니다.

코로나 팬데믹은 불확실성의 위기이다

　코로나19 사태는 인류 문명 전반에 걸쳐 '대전환'이라 할 만한 엄청난 충격과 변화를 가져왔습니다. 특히 세계 경제는 앞으로 더욱 심오한 변화를 맞이하게 될 겁니다. 그런데 '감염병의 세계적 유행' 사태가 어떻게 세계 경제를 뒤흔들고 있는지에 대해서 설명하는 건 쉽지 않아 보입니다. 많은 사람들이, 심지어 전문가들조차 '무언가가 분명 있는데 그것이 무엇인지는 알 수 없다'는 막연한 불안감을 느끼고 있는 이유일 겁니다.

　이런 말이 있습니다. "너무 밝은 빛은 보이지 않고, 너무 큰 소리는 들리지 않는다." 햇빛은 너무 밝기 때문에 우리가 볼 수 없죠. 지구가 공전하는 소리는 너무 크기 때문에 들을 수 없습니다. 코로나19 대유행 사태가 전 세계 산업 문명에 미친 영향 역시 매우 근본적이고 구조적인 것이라서 그 전모를 파악하고 이해하는 것이 매우 어렵습니다. 누군가는 계산기를 두드리며 구체적인 숫자와 지표로 이후의 세계 경제에 대한 예측을 시도하겠지만, 그것은 자칫 빗나가거나 왜곡되어 잘못된 정책으로 이어질 수 있습니다. 우리는 지금 충분히 신중해야 합니다.

코로나19가 어떻게 세계 경제에 '대전환'을 가져올지 그 구조적 틀을 이해하기 위해서는 지난 역사를 되돌아보는 것이 도움이 될 듯합니다. 1973년과 1978년에 두 차례 있었던 '오일쇼크oil shock'를 되짚어볼까요. 오일쇼크는 아랍 산유국에서 원유 가격을 인상하고 석유 생산을 제한하면서 전 세계에 던져진 엄청난 경제적 충격을 일컫는 말이지요. 그런데 오일쇼크가 일어나게 된 구조를 살펴보면 그렇게 단순하게 요약되기 어렵습니다.

발단은 1971년 미국의 리처드 닉슨Richard Nixon 대통령이 각국 통화와 달러의 가치가 고정된 '고정환율제', 금과 달러의 연계를 통한 '금환본위제'를 포기하면서 시작되었습니다. 당시 세계 각국 통화는 미국 달러에 연동되어 있었고, 달러는 금에 연동되어 있었습니다. 석유 가격 역시 달러로 고정되어 있었습니다. 그런데 변동환율제가 되면서 달러의 가치가 하락하고, 이에 따라 원유 가격도 떨어지자 산유국에서 원유 가격과 공급을 마음대로 조정하겠다고 하면서, 1차 오일쇼크가 오게 된 겁니다. 이전에는 어느 국가든 원유를 사고 싶은 만큼 살 수 있었는데 그럴 수 없게 되면서 세계 경제가 엄청난 파국을 맞이하게 된 거죠.

미국이 자국 경제를 살리기 위해 고정환율제를 포기하면서 생겨난 영향이 전 세계로 일파만파 퍼져나간 과정은 당시 어느 누구도 예측하기 힘든 것이었습니다. 지금은 외환시장에서의 수급 현황에 따라 환율이 바뀌는 변동환율제가 당연하게 생각되지만, 1970년대 당시엔 한 번도 경험해보지 못한 시스템이었기 때문입니다. 그랬기에 이후 경제가 어떻게 되고 세계 산업 시스템에 어떤 변화가 올지 예측하기 어려웠고, 많은 사람들이 두려워했습니다. 두려운 사람들은 어떻게 행동할까요? 과잉대응을 하게 됩니다. 강력 재정 정책을 펼치는 겁니다. 인플레이션과 대량 실업 사태가 일어나고, 심지어 총칼 없는 무역전쟁이 벌어지기도 합니다.

1970년대 세계 경제를 잡아먹었던 '불확실성'의 유령, 지금 우리에게는 코로나19가 불확실성의 유령이 되어 움직이고 있습니다. 코로나19 사태에 대해 우리는 모르는 게 더 많습니다. 어떻게 진행이 될지 어떤 영향을 가져올지 정확하게 알지 못하는 불확실성이 세계 경제 시스템 전체에 시커먼 먹구름처럼 드리워 있습니다. 한 가지 확실한 것은, 코로나19 위기가 시스템 자체를 뒤바꿀 수 있는 위기라는 점입니다.

이런 진단에 대해 어떤 사람은 지나친 호들갑이 아니냐고 할지도 모릅니다. 코로나19는 1918년의 스페인독감이나 1968년

　　　　　　　　　　　　　　　　　　　　　　홍기빈

홍콩독감처럼 치사율이 높지 않은데, 또 의학기술이 비교도 할 수 없을 만큼 많이 발전해서 백신에 대한 기대도 높은데, 코로나19가 그렇게 큰 위기를 가져오겠냐고 보는 겁니다. 하지만 이건 겉으로 드러난 현상만 보고 근본적인 구조를 보지 못한 접근법입니다. 스페인독감과 홍콩독감도 악질적인 감염병이었죠. 그런데 1918년의 세계 인구는 약 15억 명이었고, 1968년에는 약 30억 명이었습니다. 지금 세계 인구는 77억 명이 넘습니다. 이것이 의미하는 바는 경제적 흐름과 충격이 세계 각국에 '동시화synchronization'되는 규모 역시 커졌다는 것입니다. 코로나19로 이름 붙여진 바이러스가 단순히 세계적 감염병을 유행시킨 데서 그치지 않고, 세계 문명과 인류의 삶까지 뒤흔들 수밖에 없는 이유가 여기에 있습니다.

지구적 산업 문명의 기본 구조가 무너지고 있다

코로나19 사태가 어떤 위기로 이어질지 구체적으로 살펴보기 전에 짚고 넘어가야 할 점이 있습니다. 바로 지난 40년간 인류가 역사상 단 한 번도 경험해보지 못한 특수한 체제를 영위했다는 점입니다. 1980년대 이후 세계 체제는 '특수한 두 개의 기둥 위에 특수한 네 개의 서까래가 얹힌' 집에 비유할 수 있습니다. 두 개의 기둥은 생태학적 구조와 지정학적 구조입니다. 이 두 구조는 인류 역사상 전례 없던 질서의 개편을 경험했습니다.

먼저 생태학적 기둥의 변화는 인간 '서식지'의 깊이와 넓이가 이전과 비교할 수 없을 정도로 커졌다는 데에 있습니다. 특히 1990년대 금융 규제 완화와 지구화가 본격화하면서 전 세계 모든 자연이 경제 발전을 위한 자원으로 전환됐습니다. 이에 따라 생태 위기가 가속화했는데, 이는 많은 생태학자가 지적하듯 코로나19가 창궐하게 된 근본적인 원인이기도 합니다. 코로나19는 생태 위기의 일부분일 뿐입니다. 2019년 9월에 일어난 호주 산불도 생태 위기였습니다. 생태 위기는 지진이나 홍수와 같은 재난과 달리 인과관계를 전혀 예측할 수 없는 위기입니다. 기후변화로 인해 호주 산불 사태가 그렇게 커질 것이라고 어느 누가 예측할 수 있었겠습니까.

이미 오래전에 세계의 지정학적 구조는 미국이라는 하나의 '슈퍼 파워'가 주도하는 질서하에 재편되었습니다. 그런데 오랫동안 국제질서를 주도해온 미국이 코로나19로 깊은 내상을 입으며 자국의 민생을 우선해서 살리는 쪽으로 움직이고 있습니다. 줄곧 미국에 도전하고 견제를 해왔던 중국 역시 안으로 내실을 다지는 데 집중하고 있습니다. 미국과 중국이 '각자도생'의 노선을 걷게 되면 나머지 국가들 역시 다른 선택의 여지가 없습니다. 세계 각국은 특정 강대국 주도의 질서에 따르던 기존의 지정학적 질서에서 벗어나 각자도생을 위한 새로운 질서를 개척하게 될 것으로 보입니다. 이 두 근본 구조의 변화는 인류 역사상 전대미문의 사건이라고 할 수 있습니다.

두 개의 기둥 위에 얹힌 네 개의 서까래는 산업의 지구화, 도시화, 금융화, 대의제 민주주의입니다. 이 구조물이 바로 지난 40년간 지구적 산업 문명의 작동을 가능하게 했던 인류 사회의 기본 구조입니다. 그런데 코로나19 사태는 이 두 개의 기둥, 그리고 네 개의 서까래로 이루어져 있는 구조물 전체를 흔들고 또 무너뜨리려 하고 있습니다. 문제는 이것을 우리가 일상 속에서 체감하기는 쉽지 않다는 점입니다.

그러면 산업의 지구화, 도시화, 금융화, 대의제 민주주의라고 하는 네 개의 서까래가 어떻게 무너지고 있는지 구체적으로 살펴보도록 하겠습니다.

전 세계 산업의 가치사슬이 흔들리고 있다

지난 40년간 인류의 산업구조는 '글로벌 생산체인'이라는 표현에서 보듯이 전 지구적인 분업 체제를 가지고 있었습니다. 지금 전 세계 산업 네트워크는 누구도 제대로 파악하기 힘들

만큼 복잡하게 얽혀 있습니다. 그런데 코로나19 사태를 계기로 전 세계 산업의 '가치사슬'이 전면적으로 재편될 조짐을 보이고 있습니다. 특히 미국과 중국의 무역분쟁은 새로운 단계로 들어섰습니다.

미국은 2020년 8월 17일, 세계 최대의 정보통신 장비업체인 화웨이Huawei를 상대로 강력한 제재를 가하는 규정을 추가 발표했습니다. 바로 미국에서 특허를 받은 종류의 소프트웨어와 기술을 이용하는 반도체는 미국의 사전승인 없이 화웨이에 공급할 수 없다는 내용입니다. 오늘날 산업 전반에 걸쳐 '반도체'의 중요성은 두말할 필요가 없습니다. 가전제품, 통신장비 등 반도체와 무관한 제품을 찾아보기가 어려울 정도입니다. 특히 애플Apple에 이어 세계 두 번째 스마트폰 생산업체였던 화웨이로서는 핵심 부품과 소프트웨어 수급에 차질을 빚게 됨에 따라 큰 타격을 입을 수밖에 없습니다.

문제는 미국의 이런 제재 정책으로 화웨이뿐 아니라 그동안 화웨이에 반도체를 납품해온 전 세계 반도체 업체들이 영향을 받는다는 점입니다. 한국의 삼성전자, SK하이닉스와 일본의 소프트뱅크Softbank 등 전 세계 대부분의 반도체 업체들이 주요 공정에 미국 기업의 장비와 부품을 쓰고 있기 때문에 화웨이에 대한 수출이 사실상 중단되는 것입니다. 글로벌 3위의 메모리 생산업체인 마이크론Micron을 비롯한 미국 내 반도체 업체들 역시 마찬가지 상황에 놓였습니다. 화웨이는 그동안 연간 25조 원 규모의 반도체를 구매한 빅 바이어big buyer였습니다. 삼성전자와 SK하이닉스의 경우 매출에서 화웨이가 차지하는 비중은 각각 3.2퍼센트와 11.4퍼센트로 추정되고, 이를 금액으로 환산하면 10조 원 규모입니다.

향후 반도체 생산과 관련된 지구적 협업 체계에 커다란 변화가 찾아올 겁니다. 이는 오늘날 전 세계 산업의 가치사슬이 전 지구적으로 연결되어 있었으며, 그 연결이 끊어졌을 때 어떤 일이 벌어질 수 있는지를 여실히 보여주는 매우 중요하고 상징적인 사건입니다.

코로나19로 '산업의 지구화'가 흔들리면서 지구 생산 네트워크가 더 이상 작동하지 않고 있습니다. 국가 간, 도시 간 경계가 봉쇄되고 인적 교류가 차단되면서 발생한 현상입니다. 이는 현재 전 세계 반도체 업체들이 처한 고립 상황이 다양한 분야에서 다양한 양상으로 나타날 수 있다는 점을 암시해줍니다. 특히 한국과 같이 수출의존도가 높은 산업구조를 가진 국가에서는 지구화 해체의 여파가 만만치 않을 것입니다. 지구적 가치사슬에 의존할 수 없게 된 상황에서 세계 각국은 어떤 대응을 하게 될까요? 지역 생산과 지역 공동체의 재정립을 고민하게 될 겁니다. 하지만 현재의 복잡하게 얽혀 있는 가치사슬을 어떻게 재편할 수 있을지는 세계 어느 국가에도 쉬운 과제는 아닙니다.

세계 도시들의 탈집중화

오늘날 전 세계 인구의 절반 이상이 도시에 살고 있습니다. 지난 30년간 인류 역사상 전례 없는 도시의 팽창이 있었죠. 단순히 도시가 커졌다는 의미가 아닙니다. 도시 간 네트워크화가 진행됨에 따라 도시 바깥에 있는 사람들도 도시와 연결을 맺지 않으면 삶이 불가능하게 되었습니다. 사실상 도시와 농촌의 구별도 소멸했습니다. 얼마 전까지만 해도 전 세계 인류는 도시를 중심으로, 같은 리듬으로 생활하고 있었습니다.

그런데 도시집중화 경향이 역전될 조짐이 보이고 있습니다. 일례로, 2020년 7월 미국 뉴욕 맨해튼 아파트 가격이 57퍼센트 하락했다는 발표가 있었습니다. 더 비싼 최고급 아파트는 75퍼센트, 그러니까 절반도 아닌 4분의 1 가격으로 크게 떨어졌습니다. 도심의 공실률도 상승하고 있습니다. 뉴욕 아파트 공실률은 코로나19 팬데믹 이전에 비해 2배 이상 치솟았다고 합니다. 서울도 예외는 아니어서 목동, 이태원, 신촌, 충무로, 강남대로 등 주요 도심의 공실률이 크게 높아지고 있습니다. 일본 도쿄 시내의 사무실 공실률 역시 수개월 동안 연속 상승하

홍기빈

고 있는 추세입니다.

한때 도시 정책에서 중요하게 생각했던 것 중의 하나가 '밀집도'였습니다. '어반 버즈Urban Buzz'라는 표현도 그래서 생겨났고요. 그건 밀집도가 높아야 단위면적당 수익성이 높기 때문이었습니다. 달리 표현하면, 밀집도가 높은 도시일수록 부동산 가격이 비싸고 투자가치도 높습니다. 지난 40년간 한국 경제의 발전도 주요 도심의 '고층화'와 '고밀개발'에 힘입은 바가 적지 않습니다. 그런데 앞으로 전 세계적으로 도시집중화 경향이 한결 약화할 것으로 보입니다. 사실 이미 그렇게 진행되고 있습니다. 코로나19가 사람과 사람 사이의 거리를 벌려놓고 있기 때문입니다.

일, 공부, 운동 등 대부분의 활동을 집에서 하게 되면서 굳이 도심 한복판에 살아야 할 필요성을 느끼지 못하게 된 사람들이 외곽으로 빠져나가고 있습니다. 기업들은 재택근무를 확대하고 있습니다. 재택근무 비율이 확대될수록 기업은 인구 밀집 지역에 고비용으로 사무실을 유지할 필요가 없어집니다. 그 결과 도시의 단위면적당 수익성이 뚝 떨어지게 됐습니다. 기존의 도시 네트워크는 유지가 어렵게 되었고, 지난 30년 동안의 도시화 추세는 미래가 불투명해졌습니다.

다만 이 탈도시화 현상은 중산층 이상의 사람들에게만 해당됩니다. 하류층이나 중하류층 사람들의 상당수는 대면이 필수적인 서비스산업에 종사하고 있고, 매일매일 출근을 해야 하니 도시에서 빠져나가지 못하는 것입니다. 사는 곳이 바뀌면 라이프스타일의 변화와 함께 소비 패턴도 달라지게 됩니다. 단순히 온라인 소비가 증가하는 추세를 넘어서는 새로운 소비시장 개편이 뒤따를 것입니다. 무엇보다 새로운 형태의 부익부 빈익빈이 나타나게 될 것으로 보입니다.

금융화 메커니즘이 작동하지 않으면

실물경제를 뒷받침하는 역할에 머물렀던 금융이 사회와 경제 전반에 걸쳐 자원 배분의 방향을 선도하고 결정하게 되면서 세계 경제는 '금융화'의 질서로 편입되었습니다. 그런데 지금 전 세계의 자산시장과 금융시장은 그 질서를 유지하고 선도할 수 있는 기능을 상실한 것으로 보입니다.

최근 뉴욕 증시가 굉장히 가파른 상승기조를 보이고 있는데, 이것이 미국 연방준비제도Federal Reserve System(이하 '연준')의 자금 살포에 힘입은 것에 불과하다는 지적이 사방에서 나오고 있습니다. 즉 뉴욕 증시가 스스로 동력을 가지고 위로 올라가고 있는 게 아니라 연준이라고 하는 엔진에 업혀 가고 있는 양상이라는 것입니다. 이를 자체 동력이 없는 바지선이 동력선에

홍기빈

묶여 이끌려 가는 형국에 비유하기도 합니다.

　코로나19 사태 이후 각국 정부는 '돈 보따리 풀기'에 한창입니다. 막대한 돈을 풀어서 기업에는 자금을, 금융기관에는 유동성을 지원했습니다. 금융시장과 대기업을 살리는 데에 경제정책이 집중되면서 금융시장과 자본시장에 유동성이 넘쳐나고 있습니다. 세계 각국의 여러 금융기관에서는 현재의 미국 주식시장이 1990년대 말 닷컴버블Dotcom Bubble* 시기와 비슷한 상황으로 과대평가돼 있다고 말합니다. 더 중요한 건 미국 주식시장이 연준의 의사결정과 무관하게 움직이는 날이 적어도 당분간은 오지 않을 것이라는 점입니다.

　금융으로 인해 금융화의 기능이 사라져버린 역설적인 상황을 이해하기 어려운 분들도 있을 겁니다. 좀 더 구체적으로 살펴보겠습니다. 우선 막대한 돈이 풀리고 있다고 해서 시중에 흘러 다니는 돈이 실제로 많아지고 있는 걸로 오해해선 안 됩니다. 현대 금융구조에서 '돈이 풀린다'는 것은 중앙은행을 중심으로 한 몇 개 시중은행의 예금계좌 잔고가 늘어나고, 이 은행들과 밀접하게 관련된 각종 기관투자가들의 자금이 넘쳐난다는 의미입니다. 그러니까 돈을 풀어도 일자리가 늘어나거나 임금이 상승하는 등 산업경제의 활력으로 이어지지 않고 주식

---

* 인터넷 관련 분야가 성장하면서 산업 국가의 주식 시장이 지분 가격의 급속한 상승을 본 1990년대 말부터 2000년대 초에 걸친 거품 경제 현상이다.

시장이나 부동산시장과 같은 자산시장의 거품으로 이어지게 마련입니다. 원래는 금융시장에 불어넣은 활력이 실물경제를 견인해서 끌고 가야 하는데, 오히려 금융시장과 자산시장에는 거품이 끼면서 실물경제는 푹 꺼져버리는 그런 역설적인 상황이 나타나고 있는 겁니다.

최근 경제학자들 사이에서 코로나19 사태 이후 세계 경제가 V자로 저점을 찍고 즉각적으로 반등할 것이다, U자로 제한적 경기둔화를 보이며 천천히 반등하게 될 것이다, 혹은 L자로 장기침체가 지속될 것이다 등등 논란이 많았습니다. 그런데 현재 가장 많은 설득력을 얻고 있는 것은 상향회복과 하향침체가 공존하는 양극화 현상을 가리키는 K자 양상을 보이게 되리라는 예측입니다.

K자 양상에서 상향곡선은 자산시장과 금융시장이고, 하향곡선은 실물경제와 노동시장입니다. 지난 40년간 세계 경제를 작동시켰던 금융화 메커니즘이 무너지면서 금융시장과 실물경제의 탈동조화decoupling 현상이 심화하고 있는 겁니다. 돈이 있는 사람은 부동산시장과 주식시장에 뛰어들어 돈을 벌게 되겠지요. 하지만 그렇게 해서 많아진 돈이 일자리를 늘리고 실질 소비를 확대하는 쪽으로 쓰이지 않게 되면서 중소 자영업자나 소상공인, 비정규직들은 점점 더 어려워질 겁니다. 그럼 이제 어떻게 될까요. 미국의 연준과 같은 국가관료기구가 더욱 적극

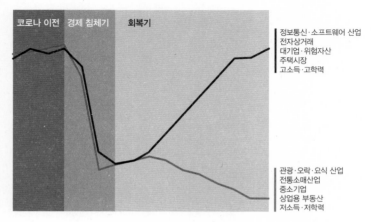

코로나 이전　경제 침체기　회복기

정보통신·소프트웨어 산업
전자상거래
대기업·위험자산
주택시장
고소득·고학력

관광·오락·요식 산업
전통소매산업
중소기업
상업용 부동산
저소득·저학력

출처 : 국제금융센터, U.S. Chamber of Commerce

코로나19 이후 세계 경제 K자형 회복 추세

적으로 개입해서 금융과 자산을 배분하고 경제활동을 조직하
게 되겠지요.

대의제 민주주의 위기와 국가의 역할

근대 이후 대다수 국가는 국민의 대표기관인 의회가 제정한
법률에 기초하여 국가 권력이 행사되는 '대의제 민주주의'를
채택하고 있습니다. '의회 민주주의'라고도 하며, 간접 민주주
의의 한 형태라고 할 수 있습니다. 대의제 민주주의 국가에서

정부의 역할은 무척이나 제한될 수밖에 없습니다. 아무리 대통령이라 해도, 혹은 국회의원이라 해도 함부로 법을 만들거나 무너뜨릴 수 없으며, 사회와 경제 준칙을 무시하는 일을 할 수도 없습니다.

그런데 대의제 민주주의 국가라고 할 수 있는 미국과 유럽 일부 국가는 코로나19라는 비상사태에서 말할 수 없는 무능함을 드러냈습니다. 그중에서도 가장 극적으로 거버넌스governance의 한계를 드러낸 것은 미국의 도널드 트럼프 정권이라고 할 수 있을 겁니다. 트럼프 정부는 방역에서의 실패, 인종 갈등의 격화, 그밖에 각종 사회적 위기를 불러왔습니다. 유럽에서는 코로나19 확진자가 늘어나면서 국가에 대한 신뢰가 바닥으로 떨어지고 온갖 사회적 갈등이 불거져 나오고 있습니다. "마스크를 벗을 자유를 달라"며 마스크 반대시위가 벌어지는가 하면, 심지어 마스크 착용을 비롯해 봉쇄 조치나 백신 접종 등 정부의 강력한 방역 조치에 반대하는 극우파의 시위까지 있었습니다.

미국이나 유럽과 반대되는 양상을 보이는 국가도 있습니다. 중국은 다른 국가와 달리 강력한 국가의 힘으로 인민을 통제해 코로나19에 맞서고 있습니다. 초기 방역 실패 후에는 어느 정도 이 방법이 먹히는 모양새입니다. 어쩌면 중국의 대처를 높게 평가하는 이들도 있을 겁니다. 지금과 같은 위기의 시대에

홍기빈

는 허약한 민주주의가 아니라 강력한 힘을 지닌 지도자가 필요하다는 생각을 은연중에 하게 될 수도 있습니다.

하지만 경제학적으로 보자면, 독재 정치의 한계효용marginal utility은 기껏해야 6개월입니다. 그런데 코로나 팬데믹은 몇 개월 만에 극복할 수 있는 단기적 위기가 아닙니다. 과거 대공황 시기에 독일과 일본은 폭력적으로 사회를 바꾸는 방법을 택했고, 결국 두 나라의 독재 권력은 멸망했습니다. 장기적 위기에 대응하는 가장 좋은 방법은 성숙한 민주주의입니다. 충분한 토론으로 다수 사람이 뜻을 합쳐 결론을 내리는 사회만이 회복탄력성을 가질 수 있습니다.

코로나19 사태로 대의제 민주주의 체제가 흔들리고 거버넌스가 힘을 잃고 있습니다. 일각에서는 국가가 더 많은 역할을 해야 한다는 요구를 하기도 합니다. 그렇다고 해서 민주주의를 포기하는 방향으로 가서는 안 됩니다. 만일 미국, 유럽 각국에서 사회적 합의를 이끌어내지 않고 이 위기를 얼렁뚱땅 넘어간다면 1920년대 독일에서 보았던 파시즘fascism이 다시금 창궐하게 될 수도 있습니다.

이전의 상태로 돌아갈 것인가, 새로운 전환을 할 것인가

코로나19로 인해 인류 문명의 두 기둥과 네 개의 서까래는 모두 흔들리거나 작동을 멈추었습니다. 코로나19 팬데믹은 잠깐 겪고 지나가는 감기와 같은 단순한 '교란' 차원의 위기가 아닙니다. 자본주의 전체가 이전에 가보지 않은 길로 들어서게 되는 변곡점이며, 그렇기에 '포스트 코로나'의 세상은 이전의 세상과는 달라질 수밖에 없습니다. 지금 우리는 '이전의 삶으로 돌아가기 위해 최선을 다할 것이냐' 혹은 '새로운 질서를 만들기 위해 노력할 것이냐'의 두 가지 답안 중 하나를 선택해야 하는 상황에 놓여 있습니다.

코로나19 사태를 극복하는 방법에는 두 가지가 있습니다. 한 가지는 거리두기와 같은 생활방역을 통해 감염자를 줄이는 것이고, 다른 한 가지는 면역이 있는 사람을 일정 수준까지 대폭 늘리는 것입니다. 면역이 있는 사람을 늘리는 방법은 백신 접종입니다. 이미 다른 일부 국가에서는 백신 접종이 시작되었고, 한국도 2021년 2월부터 의료진과 고위험군부터 접종이 시작되었습니다. 그런데 백신이 과연 '마법의 탄환'이 될지는 의문입니다. 항체 지속 기간이 얼마나 될지, 항체 형성률이 얼마나 될지에 대한 연구가 아직 진행 중이며 그 결과는 미지수입니다.

홍기빈

또 바이러스의 여러 변이들이 빠르게 나타나고 있고, 여기에서 기존의 백신이 어느 정도 효과가 떨어지는지, 빠르게 대응을 한다고 해도 시간이 얼마나 걸릴지, 그러면 새로운 변이 바이러스가 돌 때마다 얼마나 자주 백신을 업데이트해서 새로 맞아야 하는지 등이 아직 미지수입니다. 게다가 '집단면역'에 도달하는 인구의 비율이 얼마나 될지에 대해서도 아직 확실하지가 않습니다. 더욱이 백신을 맞지 않겠다는 사람들도 있습니다. 전 세계 인구의 60퍼센트 이상이 백신을 접종해도 당장 집단면역이 형성된다는 보장이 없는 상황에서 백신에 대한 '사회적 거부'까지 더해지고 있는 것입니다.

전 세계 역학자들 역시 백신의 면역 지속력이 1년 이내라면 코로나19 유행은 2025년 이후까지도 해마다 급증할 것으로 예상했습니다. 이는 2020년 8월 6일, 저명 과학학술지 〈네이처Nature〉에 발표된 '팬데믹의 미래The Pandemic's Future'라는 제목의 특집 기사 내용입니다. 이 기사에서 전 세계 감염학자들이 추정한 코로나19의 미래는 그 정도와 시간에 따른 차이가 있기는 하지만 다음 두 가지 사항에서는 의견이 일치했습니다. 코로나19는 우리 곁에 계속 머문다는 것, 그리고 코로나19의 미래는 불확실성으로 가득하다는 것입니다. 영화에서 보는 것처럼 극적으로 어느 날 사태가 끝나는 식이 아니라, 바이러스와 인류의 백신 및 치료제와 사회적 방역의 싸움이 지루하게 이어지면서 그냥 매년 돌아다니는 독감처럼 인류와 공존하게 될 것이라는 전망을 내놓는 이들도 많습니다.

만일 백신으로도 코로나19 사태를 완전히 끝낼 수 없다면, 우리는 이제 어떤 선택을 해야 할까요? 저는 사회적 대합의를 통해 이전과 완전히 다른 체제로 나아가는 제3의 길을 제안하고자 합니다. 신천지 신도를 통한 대구시 집단감염이 발생했을 때 한국 방역당국이 대응한 방식에서 교훈을 얻을 수 있습니다. 당시 방역당국은 자원봉사자까지 총동원해 대구와 경북의 집단감염을 할 수 있는 선에서 최대한 틀어막았습니다. 여기에서 우리가 얻어야 할 교훈은 하나입니다. 사회적 위기가 도래할 때는 가장 취약한 곳부터 막아야 합니다.

코로나19 팬데믹이 불러온 경제적·사회적 위기에서 가장 취약한 사람들은 누구일까요? 바로 일자리를 잃고 생계가 막연해진 사람들입니다. 우리 사회는 여기서부터 무너집니다. 실업자가 늘어나면 그만큼 실업수당이 늘어나고, 사회적 재해가 늘어나며, 결국 시스템 붕괴가 일어납니다. 그렇다면 정부가 할 일은 이들 취약계층 보호에 집중적으로 자원을 쏟아부어 감염병의 대유행 사태에 대한 근본적 해결책이 나올 때까지 시간을 버는 것입니다. 이어서 지역보건 시스템을 재건하고, 공공의료 시스템을 개편하고, 초장기 저리 대출 등의 대안적 기금 체제를 만드는 식으로 사회 체제가 감염병 대유행 시스템에

홍기빈

적응하도록 하나씩 바꿔가야 합니다.

한 가지가 더 있습니다. 설령 코로나19 사태가 거의 가라앉는다고 해도, 그동안 파괴적 피해를 입은 중소상공인들과 노동시장의 상황이 금세 2019년으로 되돌아가는 것은 아니라는 점입니다. 전쟁 중에 '전시 경제'로 운영이 되다가, 전쟁이 끝났다고 해서 전쟁 이전의 경제로 아무 일 없었다는 듯 돌아갈 수 없는 것과 마찬가지입니다. 2차 세계대전의 경험을 볼 때, 사태가 진정되고 난 뒤에는 또 상당한 기간 동안 '복구 경제'의 틀을 갖추어야 합니다. 파멸적 피해를 입은 중소상공인들과 노동시장을 회복하기 위해서는 또 그때 상황에 맞는 비상시의 경제 체제를 꾸리고 한동안 운영해야 한다는 것입니다.

이 기간을 모두 합치면 몇 년이 될까요? 3년? 5년? 아무도 알 수 없습니다. 하지만 이것이 우리가 코로나19 사태 이전의 세계로 되돌아갈 수 없는 변곡점을 만나게 되었다는 점 하나만큼은 분명히 가르쳐주는 뼈아픈 진실이라고 할 수 있습니다.

우리가 취해야 할 경제 뉴딜은 어떤 것일까

앞에서 코로나19 이후 경제가 K자 양상을 보이게 될 것이란 전망을 말씀드렸습니다. 과거의 경제 위기에는 금융시장과 실물경제가 동시에 침체됐지만, 이번에는 금융시장과 실물경제가 비대칭적 회복세를 보일 것으로 전망됩니다. 코로나19 극복을 위해 각국에서 늘어난 유동성을 불쏘시개 삼아 자산시장은 비정상적으로 부풀어 오르는 반면, 실물경제는 침체되고 있습니다. 당연히 자산가와 비자산가들의 '자산 격차'도 점점 더 커지고 있습니다. 코로나19가 누군가에겐 악몽이, 누군가에겐 기회가 되고 있는 것입니다.

기존의 글로벌 경제 위기는 대개 금융에서 시작됐습니다. 그다음에 실물경제가 무너지고, 대량 실업 등 사회적 위기가 전면화하고, 이어서 정치 위기가 이어지는 식이었습니다. 한국이 겪은 1997년 외환위기도, 2008년 글로벌 금융위기도 비슷한 양태를 띠었습니다. 그러다 보니 위기대응 매뉴얼도 정형화됐습니다. 금융 부문의 위기가 실물로 옮겨붙지 않도록 돈을 어마어마하게 풀어서 막는 것입니다. 이런 방식이 빛을 발한 때가 2008년입니다. 당시 글로벌 금융 위기가 발발하자 벤 버냉키Ben Bernanke 연준 의장은 적극적인 양적완화 정책을 통해 위기를 막아냈습니다.

코로나19 경제 위기를 맞이한 각국 정부는 여전히 대규모 유동성 공급으로 위기에 대응하려 하고 있습니다. 하지만 지금의 경제 위기는 이전과 다릅니다. 금융시장에서 위기가 시작된 것이 아니라 글로벌 공급체인이 마비되고 수요가 폭락하면서 실물경제 한복판이 곧바로 무너졌습니다. 산업 위기와 더불어 사회 위기도 동시에 시작되었습니다. 금융 위기는 여러 징후 중 하나일 뿐입니다. 기존의 방식대로 돈 보따리를 풀게 되면 자칫 '밑 빠진 독에 물 붓기'가 될 뿐입니다.

위기 양태가 다르면 대응도 달라야 합니다. 기업과 금융기관에 유동성 공급을 하는 대신 산업경제로 돈이 가게 해야 합니다. 금융시장의 합리성에만 경제를 맡겨놓으면 사회 곳곳의 복지 사각지대에 놓인 사람들은 생존마저 위협당하는 상황이 될 겁니다. 국가에서 직접 취약계층을 지원하는 정책을 마련하고 여기에 돈을 써야 합니다. 그래야 사회와 경제가 함께 살아날 수 있습니다.

《유한계급론 The Theory of The Leisure Class》으로 한국에 잘 알려진 소스타인 베블런Thorstein Bunde Veblen은 사실 진화론evolutionary theory을 주로 연구한 경제학자이자 사회학자입니다. 그는 사회의 진화 과정을 고려하지 않는 경제학은 시대에 뒤떨어진 것이라고 보았습니다. 그리고 사회는 끊임없이 변화하고 진화하기 때문에 영원한 '법칙'을 이끌어낼 고정된 '체계'는 존재하지 않는다고 주장했습니다. 코로나19 사태 이후 경제 회복을 위한 정책을 고민할 때 베블런의 이러한 관점은 매우 중요한 시사점을 줍니다.

존 메이너드 케인스John Maynard Keynes라는 유명한 경제학자가 국제적인 명성을 얻게 된 저서는 1919년에 나온《평화의 경제적 결과 *The Economic Consequences of Peace*》라고 하는 팸플릿, 그리고 몇 년 후에 쓴《윈스턴 처칠의 경제적 결과 *The Economic Consequences of Mr. Winston Churchill*》였습니다. 1920년대 1차 세계대전이 끝난 이후의 유럽 경제는 19세기 경제로 돌아갈 수 있는 상황이 아니었습니다. 산업 전반이 너무나 많이 파괴되었고 디플레이션이 극심했기 때문에 19세기의 균형재정, 고정환율제를 고집하면 경제가 쑥대밭이 될 수밖에 없다는 것이 케인스의 인식이었습니다.

지금 우리는 선견지명을 지닌 베블런과 케인스라는 두 경제학자의 조언을 진지하게 받아들여 심사숙고해야 합니다. 균형재정이니 세금감면이니 하는 2019년 이전의 경제 원칙들에서 벗어나 새로운 발상과 새로운 실험으로 과감하게 나아가야 합니다. 그리고 이를 위해서 국가와 사회와 경제가 한마음 한뜻으로 돕고 협력하면서 위기를 이겨내는 비상시의 경제 체제로 이행해야 합니다.

지금 세계 각국에서 코로나19 사태에 합당한 '뉴딜New Deal'을 시작해야 한다는 이야기가 나오고 있습니다. 2020년 7월에는 한국판 뉴딜도 발표되었지요. 포스트 코로나 시대의 경기 회복을 위해 마련한 한국판 뉴딜의 주요 내용은 디지털 뉴딜, 그린 뉴딜, 안전망 강화 등 세 개를 축으로 분야별 투자 및 일

홍기빈

자리 창출을 이루겠다는 것입니다. 여기에서 안전망 강화는 실업 불안 및 소득 격차를 완화하고 지원하는 내용이 주를 이룹니다. 구체적으로 고용보험 가입 대상과 기초생활보장 대상을 확대하는 방안이 포함되어 있고, 취업 취약계층의 고용시장 진입을 지원하겠다는 내용도 들어 있습니다. 그리고 2020년 8월에는 이러한 뉴딜 사업을 추진하기 위해 '뉴딜 펀드'라는 관제 펀드를 조성해 재원을 조달하겠다는 계획을 발표했습니다. 처음에는 '원금 보장'을 내세웠다가 논란이 일자 손실을 보면 정부가 우선 떠안겠다며 선회했습니다.

한 가지 반드시 짚고 넘어가야 할 점은 뉴딜을 그저 경기 회복을 위해 정부에서 돈을 푸는 정책이라고 오해해선 안 된다는 점입니다. '뉴딜 펀드'만 보더라도 한국 정부가 뉴딜을 중장기적 수익률을 계산하고 뽑아낼 수 있는 금융사업으로 보고 있는 것이 아닌가 하는 의문이 듭니다. 이것은 진정한 의미에서 뉴딜이 아닙니다. 사회적으로는 매우 절박하고 중요하지만 금융시장의 논리에서 보면 수익성이 낮아 소외되고 정체되어 있는 사회 각 계층과 분야에 정부의 재정지출을 통해 지원하는 것이 본래 뉴딜의 의미입니다.

뉴딜이라는 말을 처음 쓴 사람은 1933년 대공황 절정기에 미국 대통령으로 취임했던 프랭클린 루스벨트Franklin Roosevelt입니다. 그가 선거 유세 과정에서 말했던 '뉴딜'은 이전까지의

뉴욕 소재 사무엘곰퍼스산업고등학교의 벽화를 그리는 화가 에릭 모스(Eric Mose).
1930년대 미국 뉴딜정책의 일환인 '연방예술프로젝트(Federal Art Project)'는 예술가
들을 고용한 후 공공기관에 벽화와 조각을 제작하도록 하거나 작업할 수 있는 공간을
제공하는 등 다양한 지원 정책을 실행했다.
출처 : Wikimedia Commons

경제학, 관행적인 경제 정책과 과감하게 결별하고 파격적인 조
치들을 취하겠다는 뜻이었습니다.

예를 들어보겠습니다. 지금 길거리에 실업자가 넘쳐나는데,
그중에는 미술인들도 있고 연극인들도 있습니다. 이들은 일자
리를 잃고 생활비조차 벌기 어려운 상황에 처해 있습니다. 이
들에게 정부가 일자리를 주고 임금을 줍니다. 정부에 고용된
미술인들과 연극인들은 전국을 순회하며 학교 건물에 벽화를
그리고, 공연도 합니다. 너무 파격적으로 들리나요? 그런데 이
게 바로 1930년대 루스벨트 정권이 실제로 했던 일입니다.

홍기빈

이런 정책은 또 어떨까요. 정부가 균형재정을 해야 하기 때문에 이런 큰 사업을 벌이는 것이 부담스럽다면, 아예 정부 재정 장부를 두 개로 나누는 겁니다. 정부가 이런 사업을 하기 위해 자금을 조달하고자 공채를 발행합니다. 그렇게 조달한 자금으로 각종 사업을 벌이고 사람들을 고용하고 거기서 이익이 창출되면 공채이자를 갚는 겁니다. 이런 일들은 정부의 일반 회계, 일반 재정과 아예 분리해 '자본 회계'라는 이름으로 부릅니다. 역시나 너무 파격적인가요? 그런데 이게 바로 1932년 스웨덴에서 집권했던 사회민주당 정부가 했던 일입니다.

지금 세계 곳곳에서 이렇게 경제학 교과서와는 거리가 먼 파격적인 뉴딜 정책들이 제안되고 있습니다. 우선 일자리를 원하는 모든 이들을 정부가 최저임금으로 고용해서 사회적으로 필요한 곳에 배치하는 '국가고용보장'에 대한 논의가 활발합니다. 또 우리가 긴급재난지원금을 받으면서 비슷하게 경험했던 파격적인 정책이 있습니다. '기본소득'이라고 하는 건데, 이에 대한 논의도 뜨겁습니다. 이뿐만이 아닙니다. 오늘날 노동시장에는 고용보험 사각지대에 놓인 사람들이 많습니다. 일자리를 잃거나 수입이 끊겨도 실업급여를 받을 수 없는 사람들입니다. 이들에게 기존의 소득을 보장해주는 새로운 형태의 사회보험에 대한 논의도 활발하게 이뤄지고 있습니다.

지금까지 이야기한 정책들이 너무 파격적이고 낯설다고 생각하는 사람들이 적지 않을 것 같습니다. '이거 좀 너무한 거 아냐?' 하는 두려움이 생기는 사람도 있을 겁니다. 물론 모든 정책은 충분한 논의를 거쳐서 신중하게 결정하고 시행해야 합니다. 하지만 지금은 지난 40년간 우리가 알고 있던 지구적 산업 문명이라는 구조물 전체가 흔들리고 있는 불확실성의 시대입니다. 이 불확실성이 언제 끝날지 누구도 확언하기 힘든 장기적인 위기의 시대이기도 합니다.

루스벨트 대통령은 이렇게 말했습니다. "지금 우리가 두려워해야 할 것은 아무것도 없다. 오직 두려워해야 할 것이 있다면 그건 우리 마음속에 자리 잡은 두려움, 그 자체 그것뿐이다." 그렇습니다. 지금은 두려움을 벗어던지고 과감하게 나서서 파격적인 실험과 행동, 협력으로 나아가야 할 때입니다.

4장

혁신의 조건

| 최배근 |

기본소득은
어떻게 혁신과 성장의
시드머니가 되는가

최배근

건국대학교 경제학과 교수이자 최배근경제연구소 이사장을 맡고 있다. 건국대학교 경제학과를 졸업하고 미국 조지아대학교에서 경제학 박사 학위를 받았다. 경제사학회 회장, 민족통일연구소 소장, 국가인권위원회 전문위원 등을 역임했다. 2010년 영국 케임브리지 국제인명센터(IBC)의 '세계 100대 교수', '세계 100대 교육자', '21세기 세계의 탁월한 지식인 2,000명'에 선정되었다. 2017년과 2018년 연속으로 '마르퀴즈 후즈 후(Marquis Who's Who)'의 평생공로상을 수상했다. 저서로 《최배근 대한민국 대전환 100년의 조건》, 《호모 엠파티쿠스가 온다》, 《이게 경제다》, 《위기의 경제학? 공동체 경제학!》, 《세계화, 무엇이 문제일까?》 등이 있으며, 공저로는 《거대한 분기점》, 《한국사회 대논쟁》, 《2018 미래전문가가 말하는 서울의 미래》 등이 있다.

노동력과 자본 투입으로 성장을 이끌었던 시대는 막을 내리고 있습니다. 향후 경제는 혁신의 토대인 청년 세대에게 달려 있습니다. 그들이 창의적으로 생각하고 일할 수 있도록 노동시간을 줄여주고, 줄어든 시간만큼 소득의 감소를 보존해줘야 합니다. 그 최소한의 출발점이 기본소득입니다. 기본소득은 더 나은 미래를 만드는 '사회적 투자'입니다.

기본소득, 대변혁 시대의 새로운 분배 시스템

코로나19 팬데믹으로 전 세계적인 경제 불황이 이어지고 있는 가운데 '기본소득'이 중요한 키워드로 등장했습니다. 모두 알다시피 기본소득은 '국가 또는 지방자치체(정치공동체)가 모든 구성원 개개인에게 아무 조건 없이 정기적으로 지급하는 소득'으로, 보편적이며 무조건적인 보장소득입니다. 그런데 시대 흐름에 따라 기본소득 개념도 계속 진화하고 있습니다. 그동안 기본소득을 '복지'의 차원에서만 다루는 경우가 많았는데, 최근에는 4차 산업혁명 등 사회·경제 변화에 대응하는 방안으로 관심이 모아지고 있습니다.

기본소득의 개념은 1516년 영국의 사상가였던 토머스 모어 Thomas More가 쓴 소설 《유토피아*Utopia*》*에 처음 등장합니다. 이 소설은 극단적인 부의 편중으로 인한 사회 부조리를 고발

• 이 책의 1516년 출간 당시 원제는 《가장 좋은 국가 통치 형태와 새로운 섬 유토피아에 관한 진실이 담긴 황금 같은 책자 *Libellus vere aureus, nec minus salutaris quam festivus, de optimo rei publicae statu deque nova insula Utopia*》이다.

하면서 모두가 공평하게 하루 여섯 시간씩 노동하는 세계를 그리고 있는데, 여기에서 토머스 모어는 등장인물의 입을 빌려 "국가가 모든 사람에게 최소한의 삶을 누릴 수 있도록 조건 없이 식량을 제공해야 한다"라고 주장했습니다. 이후 1792년에 미국의 선도적 혁명이론가였던 토머스 페인Tomas Paine은 《인권 Rights of Man》이라는 책에서 기본소득을 당연한 '권리'라고 전제하면서 이렇게 말합니다. "이 세계는 모든 인류의 공동재라는 관점에서 출발하여 사유재산제는 바로 이러한 공동재를 침해하고 있는 것이므로, 그에 대한 보상으로서 유산자에 원조의 무를 부과하여 국민기금을 조성하도록 하고 이를 모든 시민에게 일정 금액 지급하여 모든 이들의 기본적 생활을 보장해야 한다."

16세기와 18세기에 이미 기본소득 개념이 등장했으나 유럽 국가들을 중심으로 본격적인 논의가 시작된 것은 20세기 이후입니다. 1974년 노벨경제상을 수상한 자유주의 경제학자 프리드리히 하이에크Friedrich Hayek는 《법, 입법 그리고 자유Law, Legislation and Liberty》라는 책에서 기본소득을 지지하면서 이렇게 주장했습니다. "일정 수준의 기본소득을 모든 사람에게 보장하는 것은 스스로 먹고살 수 있는 능력을 잃어도 일정 선 이하로 생활수준이 떨어지지 않게 해주는 것이다. 이는 모든 사람을 공통된 위험에 대처하게 하기 위한 합법적인 보호 차원을 넘어 위대한 사회를 구성하는 요인으로서 반드시 필요하다."

기본소득 개념은 몇 세기에 걸쳐 조금씩 수정되거나 보완되며 진화했습니다. 그런데 더 주목해야 할 것은 '기본소득'이 하나의 시대가 다른 시대로 바뀌는 대변혁의 변곡점에 단골로 등장하는 정치적 의제이자 경제적 의제였다는 점입니다.

예를 들어, 토머스 모어에 의해 '기본소득' 개념이 처음 대두된 16세기는 유럽의 역사에서 볼 때 봉건제가 몰락하면서 중세에서 근대로 이행하는 시기였습니다. '이행기'의 특징은 구질서가 이미 효력을 잃었음에도 새로운 질서가 미처 확립되지 않은 과도기적 상태라는 점입니다. 이러한 상태에서는 기존의 법과 제도들이 제대로 작동하기 어렵기 때문에 사회 전반에 걸쳐 혼란과 불투명이 야기되고 생존을 둘러싼 다양한 투쟁이 발생하게 마련입니다. 이때 국가는 '기본소득'이라는 분배 시스템을 통해 경제구조를 재편하고 새로운 시대로의 연착륙을 시도합니다.

마찬가지로 지금의 전 세계는 제조업의 몰락으로 산업구조가 전면 재편되는 변혁 속에서 21세기를 맞이했습니다. 21세기의 세상은 20세기와는 전혀 다른 양상으로 전개되고 있고, 인류는 2001년 9·11테러나 2008년 글로벌 금융위기, 2010년 유로존 사태와 같이 각종 재난의 위험이 고조되는 상황을 경험하고 있습니다. 여기에 코로나19 대유행이라는 전대미문의 재난까지 더해져 전 세계는 실질경제 역성장, 일자리 충격, 극심한 불평등과 같은 사회경제적 위기에 직면했습니다. 따라서 지금 논의되고 있는 '기본소득' 역시 16세기에 그랬던 것처럼 대변혁의 시기에 위기 극복을 위한 중요한 대응책으로 받아들이고 검토되어야 할 문제입니다.

세계 각국에서 진행되는 기본소득 실험

미국의 경우에는 1960년대부터 밀튼 프리드먼Milton Friedman, 조지 스티글러Geroge J. Stigler, 제임스 토빈James Tobin 등과 같은 경제학자를 중심으로 "노동 성과와 관계없이 기본적인 생계를 보장한다"는 취지의 기본소득 개념에 대한 논의가 본격적으로 시작되었습니다. 마틴 루터 킹Martin Luther King 목사는 미국에서 '기본소득론의 선구자'로 불리기도 합니다. 그는 1968년 "완전고용이 불가능하다면 소득보장이라도 실현하라"고 요구하던 중 암살을 당한 것으로 알려져 있습니다.

복지 체계가 잘 갖춰진 것으로 평가받는 핀란드에서 2013년 기본소득 도입에 대한 찬반을 묻는 여론조사를 실시했는데 찬성률이 54퍼센트에 이르렀습니다. 핀란드는 광범위한 지지를 토대로 국가 차원에서 2017년부터 2018년까지 2년 동안 무작

위로 선정한 25~58세 실업자 2,000명을 대상으로 매달 560유로(약 75만 원)의 금액을 지원하는 실험을 마쳤습니다.

독일에서도 1970년대부터 기본소득에 대한 논의가 시작되었고, 2000년대 들어서 본격적인 대중적 관심을 받고 있습니다. 2006년에는 독일의 생필품업체인 데엠DM 창업자 괴츠 베르너Gotz Werner가 기본소득을 공론화했습니다. 그는 공적연금, 실업수당 등 현금지급형 복지제도를 하나로 통합하여 매달 800유로(약 108만 원)를 우선 지급하고 장기적으로 매달 1,500유로(약 203만 원)를 지급하자는 주장을 펼쳤습니다. 괴츠 베르너는 2016년 한국을 방문해 강연했을 때 "기술 혁신에 따른 일자리 절벽은 눈앞에 다가온 미래"라고 언급하면서 "기본소득을 통해 최소한의 삶이 보장된다면 인간은 좀 더 자유롭게 노동에 나설 수 있을 것"이라고 말하기도 했습니다.

코로나 팬데믹이 촉진제가 되어 2021년부터 독일에서는 좀 더 본격적인 기본소득 실험이 시작될 예정입니다. 한시적으로 진행될 기본소득 프로그램은 약 15만 명의 개인 기부자들로부터 자금을 조달받고, 이를 지원받아 선정한 120명의 개인에게 2021년 봄부터 매달 1,200유로(약 162만 원)씩 분배하는 것이 주요 내용입니다. 이 프로그램을 진행하는 독일경제연구소DIW는 3년간 설문조사를 통해 기본소득을 받는 지원자들의 삶을 추적해 연구결과로 내놓겠다고 합니다.

스위스에서는 2016년 기본소득 도입에 관한 국민투표를 실시했는데 부결되었습니다. 기본소득 자체를 반대했다기보다는 재원 부족에 대한 우려가 컸습니다. 이 국민투표는 스위스 기본소득 운동조직인 '기본소득스위스$_{BIS}$'가 13만여 명의 서명을 받아 발의한 것으로, 비록 반대에 부딪히긴 했지만 기본소득에 대한 진지한 논의를 세계적으로 확산시키는 계기가 됐다는 평가를 받고 있습니다.

코로나19 재난 직전인 2019년 2월 미국 캘리포니아주 스톡턴시에서도 기본소득 실험을 진행했습니다. 30세의 마이클 텁스$_{Michael\ Tubbs}$ 시장이 이끄는 시정부는 무작위로 선정한 주민 125명에게 18개 월간 매달 500달러(약 60만 원)의 기본소득을 지급했습니다. 조건 없이 현금을 지급할 때 주민들 삶에 어떤 변화가 일어나는지 연구하기 위해 한시적이지만 기본소득 제도를 시행한 것입니다.

스톡턴시의 기본소득 실험은 믿기 어려울 정도의 결과를 보여주었습니다. 첫째, 달리 보편적 기본소득을 지급받은 이들의 2019년 2월 풀타임$_{full\ time}$ 고용률은 28퍼센트였으나 1년 뒤에는 40퍼센트로 12퍼센트가 상승한 반면, 기본소득을 받지 않은 이들은 같은 기간 32퍼센트에서 37퍼센트로 5퍼센트 증가에 그쳤습니다. 즉 조건 없이 현금 소득을 지급받을 경우 일을 하지 않는다는 주장은 미신에 불과함을 보여준 것입니다.

둘째, 기본소득 지원을 받은 이들은 정신적인 면에서도 안정을 찾았고 일부의 우려와 달리 술, 담배에 사용된 금액은 1퍼센트도 되지 않았습니다. 공돈이 생기면 흥청망청 낭비할 것이라는 주장도 미신으로 판명난 것입니다. 무엇보다 가장 주목할 부분은 (재정·안정성의 증가로 인해) 새로운 시도의 기회를 제공하였다는 점입니다.

이처럼 미국을 비롯해 많은 국가에서 20세기 말부터 21세기 초에 이르기까지 수십 년에 걸쳐 기본소득에 대한 다양한 논의를 해왔고, 한국 역시 2016년을 기점으로 본격적인 저성장시대로 접어들면서 기본소득에 관한 논의가 첨예한 찬반 논쟁으로 발전했습니다. 이러한 흐름에 코로나 팬데믹이라는 거대한 충격이 가해졌고, 극심한 경기침체를 극복하기 위한 각국정부의 움직임에 속도가 붙으면서 기본소득이 전 세계적인 어젠다로 떠오르게 되었습니다. 그렇다면 전 세계를 기본소득이라는 새로운 분배 시스템으로 끌어들이고 있는 산업 지도의 혁명적 변화가 구체적으로 어떻게 진행되고 있는지 살펴보겠습니다.

제조업의 몰락과 플랫폼 산업의 등장

경제학자의 입장에서 볼 때, 20세기는 미국의 시대라고 해도 과언이 아니며 이 시대를 상징하는 산업은 바로 '제조업'이었습니다. 미국 제조업을 상징하는 기업들 가운데 대표적인 기업은 제너럴일렉트릭GE입니다. 한때 '미국 제조업의 상징'이던 제너럴일렉트릭이 지금은 어떻게 되었을까요.

1980년부터 2020년까지 최근 30년의 주가 추이를 보면, 2000년 8월 59.31달러까지 오르며 정점을 찍었던 주가가 이후 계속 하락하는 걸 알 수 있습니다. 코로나19 팬데믹이 시작되기 전인 2019년 11월 11.27달러였던 주가는 2020년 5월에 6달러 이하로 떨어졌다가 12월에 겨우 10달러대를 회복했습니다. 제너럴일렉트릭은 주력 사업들을 차례로 매각하면서 참담한 몰락의 길을 걷고 있습니다. 2018년 6월에는 미국의 대표 기업 리스트나 마찬가지인 다우존스산업평균지수에서도 퇴출되었습니다.

그런데 제너럴일렉트릭만 이렇게 맥을 못 추고 있는 건 아닙니다. 미국의 제조업은 경쟁력 측면에서는 여전히 우위를 점하고 있지만 GDP에서 차지하는 비중은 확연히 줄어들고 있습니다. 이는 1997년부터 금융위기가 닥치기 이전의 2008년까지 미국의 제조업 종사자 추이를 살펴보면 이러한 사실을 쉽

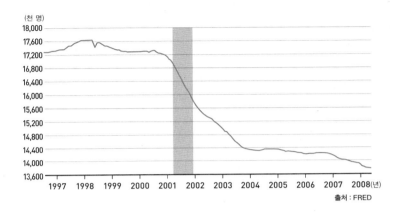

(천 명)

출처 : FRED

미국 제조업 종사자 비중 변화 추이(1997~2008)

게 확인할 수 있습니다. 1997년에 정점을 찍은 이후 완만하게
감소를 하다가 2000년대 중반에 눈에 띄는 감소세를 보였습니
다. 2000년대 중후반은 중국이 세계의 공장으로 부상하고 미
국은 세계의 소비시장 역할을 맡으면서 미국에 자리잡고 있었
던 제조업체들이 동아시아 등 후발산업국가로 공장을 옮기던
시절이었습니다.

2000년 이후 제조업 일자리가 줄어든 공백을 메운 것은 역
시 서비스업이었습니다. 연방준비은행경제통계FRED에 따르면,
미국 서비스업 종사자 수는 2000년 1억 639만 명에서 2007년
1억 1,578만 명으로 늘어났습니다. 서비스업이 939만 개의 일
자리를 더 만든 셈이지요. 그런데 서비스업의 일자리가 증가한

최배근

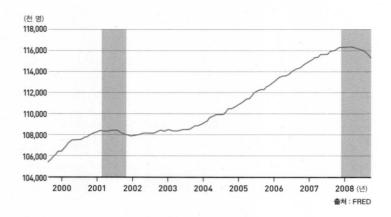

출처 : FRED

미국 서비스업 종사자 비중 변화 추이(2000~2008)

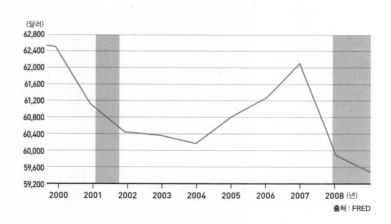

출처 : FRED

미국 실질 가계소득 변화 추이(2000~2008, 2019년 달러 기준)

그 시기에 미국 중간계층의 실질 가계소득은 오히려 줄어들었어요. 2000년 6만 1,399달러에서 2008년 5만 8,811달러로 감소한 것입니다. 이는 서비스업에서 고소득 일자리가 차지하는 비중이 적었다는 것으로 해석할 수 있으며, 결국 일자리 측면에서 서비스업은 제조업의 대안이 될 수 없었던 겁니다.

이러한 추세는 한국도 예외가 아닙니다. 한국의 경우 공업화가 짧은 기간에 압축적으로 진행되었듯이 탈공업화dis-industrialization 역시 압축적으로 이뤄졌는데, 전환점을 맞이한 것은 1992년이었습니다. 1991년 제조업 종사자 비중은 27.6퍼센트였는데, 20년 후인 2011년에는 이 수치가 16.9퍼센트로 감소했습니다. 일본의 경우에는 제조업 종사자 비중이 1973년 27.8퍼센트에서 38년 후인 2011년 16.8퍼센트로 감소했는데, 한국과 비교해보면 훨씬 긴 기간 동안 탈공업화가 진행되었다는 점을 알 수 있습니다. 제조업 일자리가 줄어드는 대신 서비스업 일자리가 대폭 늘어나는 듯 보였지만 역시나 소득은 줄어들었습니다. 중산층 수준의 소득인 '중위中位 실질임금'의 상승률이 1980~1994년에 9.2퍼센트였던 것이 1995~2007년에 4퍼센트로 떨어졌고, 2008~2016년에는 1.1퍼센트로 급락했습니다. 일자리 수는 늘어났을지 모르지만, 임금은 오르지 않고 일자리의 질은 떨어졌던 것입니다.

탈공업화는 일반적으로 '일자리 증가율 하락'과 '중간 임금 일자리가 감소하는 소득 양극화'를 수반합니다. 그 이유는 제조업에서 줄어든 일자리가 고부가가치 서비스 부문이 아닌 저부가가치 서비스 부문으로 흡수되기 때문입니다. 기본적으로 고부가가치 서비스 부문은 제조업 관련 사업(제품 설계, 디자인 등)이거나 경제활동을 보조하는 사업(금융, 법률, 회계 등)이기에 주력 산업인 제조업의 공백을 메우는 데에는 한계가 있습니다.

제조업이 몰락하고 서비스 산업이 확실한 대안이 되지 못하자 그 자리를 대체한 것이 이른바 '플랫폼 산업'입니다. 아마존 Amazon과 구글Google을 비롯한 애플, 페이스북Facebook, 넷플릭스Netflix 등이 바로 플랫폼 기업입니다. 중국의 알리바바Alibaba나 텐센트Tencent도 세계적인 플랫폼기업입니다.

IT와 인터넷 혁명은 '기술적으로' 디지털 세상이 도래하도록 했습니다. 그렇지만 디지털 세상을 하나의 생태계로 만들기 위해서는 사람을 '연결networking'해야만 합니다. 사람 간 연결을 통해 가치를 만들어내는 사업모델을 구축한 것이 바로 플랫폼 기업입니다. 플랫폼 기업은 광고 수익부터 시작해서 데이터 확보, 사람들이 보유한 자원(아이디어, 자동차, 주택, 노동력 등)의 연결 및 결합을 통해 수익을 만들어냅니다. 또한 '연결'과 '협력'을 만들어내기 위해서는 '이익 공유'가 원천이 되야 합니다.

우리는 여러 플랫폼을 돌아다니며 정보 검색도 하고 영화도 보고 쇼핑도 하고, 음식도 배달시키고 택시도 이용합니다. 취향이 맞는 사람들과 커뮤니티를 만들기도 하고 전문가를 찾아 일을 의뢰하기도 하며, 심지어 일자리를 구하기도 합니다. 이렇게 각종 플랫폼 서비스를 이용하면서 여러 가지 흔적을 남기는데, 이것이 바로 '데이터'입니다. 플랫폼 서비스가 다양해지고 이용자가 많아지면서 다양하고 방대한 규모의 데이터가 빠르게 쌓여서 빅데이터big data가 되고, 여기에 딥러닝 알고리즘 deep learning algorithm이 더해져 컴퓨터를 학습시키는 머신러닝 machine learning이 가능해지면서 인공지능AI이 더욱 발전하게 됩니다. 이렇게 플랫폼을 중심으로 빅데이터와 인공지능, 그리고 사물인터넷IoT을 비롯한 각종 기술이 융합되면서 시작된 것이 바로 4차 산업혁명입니다.

미래 인재에게 필요한 역량은 무엇인가

플랫폼이라는 디지털 생태계가 돌아갈 수 있게 하는 혈액의 역할을 하는 것이 바로 '데이터'입니다. 전통적인 제조업에서 중요한 생산요소는 노동, 자본, 토지였지만, 이제는 데이터가 가장 중요한 생산요소로 등장했음을 말해주는 것이지요. 우리는 각종 ICT(정보통신기술) 덕분에 시공간의 제약을 받지 않고 '연결'될 수 있습니다. 코로나19 팬데믹으로 재택근무를 하면서도 여전히 팀워크로 일할 수 있는 것처럼요. 사람과 사람, 자원과 자원 간의 더 많은 연결을 만들어내는 플랫폼일수록 더 많은 데이터를 얻을 수 있습니다.

그런데 데이터 자체는 돈이 아니고 정제 이전의 원유, 즉 크루드 오일crude oil에 불과합니다. 데이터를 활용해 '솔루션'을 만들어내야만 그 과정에서 돈을 벌고 일자리가 생기고 경제가 돌아갑니다. 솔루션은 환경·보안·교육·의료·유통 등 사회 및 경제의 대부분 영역에서 필요합니다. 방대한 교통사고 데이터를 분석해서 가장 큰 사고 원인이 운전자의 실수에 있다는 것을 밝힘으로써 자율주행차를 개발하는 것, 이런 게 솔루션의 대표적인 사례입니다.

미국과 중국의 글로벌 플랫폼 기업이 초창기에 빠른 속도로 성장할 수 있었던 것은 빅데이터를 축적하는 능력 덕분이었습니다. 이제 솔루션을 만들어서 디지털 생태계를 확대하고 더 많은 이익을 사람들과 나눠야 하는데, 이 단계에서 주춤하는 모습을 보이고 있습니다. 구글이나 애플의 영업이익률이 하락하고 있다고 하면 믿지 못하겠다는 분들이 많겠지만, 실제로 완만한 하향곡선을 그리고 있습니다.

미국 매크로트렌드macrotrends 사이트에서 제공하는 통계를 보면, 구글은 2010년 이후, 애플은 2012년 이후 계속 영업이익이 감소하는 추세라는 걸 알 수 있습니다. 혁신을 통해서 지속

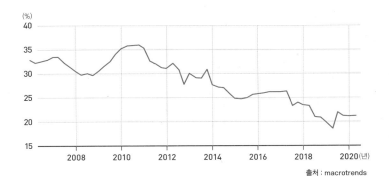

출처 : macrotrends

구글(알파벳) 영업이익률 변화 추이

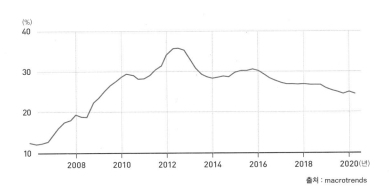

출처 : macrotrends

애플 영업이익률 변화 추이

적으로 새로운 솔루션을 만들어내야 매출이 늘고 수익성이 증가하는데, 최근 몇 년간 한계에 부딪혀 있는 상태인 겁니다.

　그러면 어떻게 해야 할까요? 그 열쇠는 기술이 아니라 '사

최배근

람'이 쥐고 있습니다. 데이터를 쌓고 분석하는 것은 기술이 하지만, 솔루션을 찾아내는 것은 사람이 하는 일이기 때문입니다. 사람의 창의력creativity, 비판적 사고critical thinking, 커뮤니케이션communication, 협업cooperation을 통해서만 솔루션을 만들어 낼 수 있습니다. 플랫폼 산업에서는 바로 이러한 역량을 갖춘 인재들을 필요로 합니다. 문제는 이러한 역량을 통한 가치창출이 노동시간과 비례하지 않는다는 점입니다. 책상에 오래 앉아 있다고 해서 반드시 더 창의적인 아이디어가 나오는 게 아니란 거죠. 과거에는 노동시간을 2배로 늘리면 생산량도 2배로 늘었지만, 이제는 오히려 노동시간을 줄이고 자유시간을 늘려야 아이디어가 더 잘 나오는 역설적인 상황에 놓인 겁니다.

또한 플랫폼 산업에서는 거의 모든 것이 연결되어 있기 때문에 자기 혼자 능력이 뛰어나다고 해서 일이 되지 않으며, 다른 사람과 소통하고 협력하는 역량이 매우 중요합니다. 이런 역량을 가진 사람만이 로봇이 할 수 없는 일을 할 수 있습니다. 한국은 '노동자 1만 명당 로봇 대수'를 의미하는 '로봇밀도'가 싱가포르에 이어 세계에서 두 번째로 높은 나라입니다. 세계 평균 로봇밀도가 113대인 반면에 한국은 무려 855대입니다. 그만큼 로봇이 우리의 일자리를 많이 대체하고 있다는 의미이고, 한편으론 창의적 아이디어, 소통과 협력을 기반으로 한 데이터 활용 능력을 키우지 않으면 일자리 찾기가 어려워질 것이란 의

미이기도 합니다.

플랫폼 경제 활성화와 청년 일자리 문제

기획재정부가 발표한 자료에 따르면, 한국의 GDP 대비 제조업 비중은 27.8퍼센트로 세계에서 가장 높습니다. 제조업 비중이 상대적으로 높은 덕분에 이번 코로나19 팬데믹에서 한국경제가 상대적으로 덜 치명타를 입었다는 분석이 있습니다. 그런데 한국의 제조업은 반도체와 대기업에 대한 의존도가 지나치게 높다는 구조적 취약점을 안고 있습니다. 중국이나 제3국에 반도체를 추월당할 경우 한국 제조업 전반이 흔들릴 겁니다.

유엔 산하의 산업개발기구UNIDO에서 발표하는 제조업 경쟁력지수CIP를 보면, 2020년 기준 한국은 3위에 머물러 있습니다. 제조업 비중은 1위인데, 경쟁력은 3위에 불과한 것입니다. 전문가들은 현재 추세대로라면 한국의 제조업 경쟁력이 더욱 낮아질 것이라고 예견하고 있습니다. 가령 한국의 제조업 재고율은 2000년대 들어 계속 상승하고 있습니다. 생산은 하지만 공장 밖으로 출하가 제대로 이뤄지지 않은 제품 재고가 많아지고 있다는 뜻입니다. 주요 원인으로 반도체, 자동차, 화학제품 등 주요 품목의 수출 부진을 꼽았고, 미국과 중국이 벌인

무역전쟁의 직격탄을 그대로 맞았다는 분석도 있습니다.

현재 한국 경제에서 가장 큰 비중을 차지하는 8개 제조업은 기계, 조선, 전자, 섬유, 철강, 반도체, 자동차, 디스플레이인데, 이 가운데 조선과 반도체를 제외한 나머지 업종에서는 모두 일자리가 감소하고 있으며 향후 새로운 일자리를 창출할 가능성도 그리 크지 않습니다.

2020년 1월 현대자동차가 자율주행차와 친환경차 등 '미래 자동차' 기술 개발에 박차를 가하면서 생산 인력을 30퍼센트 줄이기로 했다는 소식이 들려왔습니다. 완성차 품질을 검사하는 자동화 장비가 도입됨에 따라 필요 인력이 기존보다 13분의 1로 줄어든다는 것이었습니다. 약 1만 5,000명이 퇴직을 하지만 추가고용 계획은 없었습니다. 2018년 한국GM 군산공장을 폐쇄했을 때에는 협력업체에서만 1만 2,000명이 일자리를 잃었고, 교육·의료·미용·금융·부동산 등의 분야에서 지역경제도 커다란 타격을 받았습니다. 제조업이 무너지면서 일자리가 함께 무너졌는데, 플랫폼 산업의 활성화를 통한 일자리 늘리기도 쉽지는 않아 보입니다. 플랫폼 기업의 성장은 무척이나 더딘 상태입니다.

삼성, 현대, SK와 같은 대기업들이 플랫폼 사업에 뛰어들었지만, 기존의 플랫폼 기업들에 견주면 아직 본격적인 궤도에 올랐다고 보기 어렵습니다. 한국은 3차 산업혁명과 더불어 빠른 속도로 디지털 기술을 흡수했고, 지금은 세계에서 손꼽히는 ICT 강국으로 올라섰습니다. 하지만 그다음 단계라 할 수 있는 플랫폼 산업으로 진입하는 데에는 어려움을 겪고 있는 상황입니다. 몇 가지 구조적 원인이 있지만, 그 핵심은 역시 데이터입니다.

앞에서도 설명했듯이, 플랫폼 산업의 구조는 데이터를 공유하는 플랫폼을 구축하고 아이디어를 통해 데이터를 활용한 새로운 솔루션, 즉 비즈니스를 만들어내는 것입니다. 플랫폼에 데이터를 구축하려면 개방과 공유는 필수입니다. 그러려면 데이터 기반 '이익'을 공유할 수 있는 메커니즘이 존재해야 하죠. 기업 내부로 들어가 축적된 사용자 데이터가 다시 밖으로 나와서 다른 기업과 개인에게 공유가 되고 솔루션이 되지 않으면, 플랫폼 경제는 돌아가지 않습니다.

지금 한국의 산업 생태계에서는 이러한 개방과 공유의 구조를 찾아보기 어려울 뿐 아니라 이익도 공유되지 않고 있습니다. 정부가 직접 나서서 국민 생활과 밀접한 15개 분야 빅데이터 플랫폼을 구축하고 14만 개 공공데이터를 개방할 방침이라고 밝힌 데에는 이런 배경이 있습니다(하지만 정부가 가진 국민연금이나 건강보험과 같은 공공데이터는 개인정보 침해 우려가 높기 때문에 빅데이터 구축 주체는 어디까지나 민간 기업이 되어야 합니다).

정부 정책 얘기가 나왔으니, 조금 더 살펴보고 넘어가겠습니다. 플랫폼 경제 활성화 정책이 단순한 구호에 그치지 않으려면, 무엇보다 디지털 플랫폼 생태계는 제조업 생태계와는 전혀 다른 생태계라는 점을 분명히 해야 합니다. 그런데 정부에서 내놓은 코로나19 팬데믹 극복을 위한 '뉴딜'의 내용을 보면 여전히 제조업 생태계의 프레임에서 접근하고 있고, 디지털 생태계에 대한 이해를 바탕으로 한 사업은 찾아볼 수 없습니다. 이건 '사막에 콘크리트로 풀장을 만들어놓고 강이 되길 기대하는 것'과 다를 바 없는 거죠.

대표적인 것이 교육 문제입니다. 플랫폼 생태계에서는 데이터 활용을 통해 솔루션을 찾아내고 이것을 비즈니스와 일자리로 연결할 수 있는 창의적 아이디어를 기를 수 있는 교육이 필요한데, 정부가 발표한 내용을 보면 여전히 기술 습득 위주의 교육에 머물러 있습니다. '아이디어 집약형' 산업의 인재를 키우겠다면서 지식 습득을 목표로 하는 제조업 시대의 암기식 교육을 하겠다고 하는 겁니다.

그래도 희망이 없는 건 아닙니다. 한국에는 잠재적 역량을 지닌 인재들이 많습니다. 특히 청년 세대들이요. 앞에서 솔루션을 만들어내는 건 기술이 아니라 사람이라고 말씀드렸죠. 한국 플랫폼 산업의 성장과 혁신도 상당 부분 청년 세대의 창의적 역량에 달려 있습니다. 그런데 문제는 한국의 청년들이 먹고사는 문제를 해결하느라 정작 이러한 창의적 역량을 발휘

할 기회를 얻지 못하고 있다는 겁니다.

한국 사회의 가장 큰 문제 중 하나가 '청년 실업률'입니다. 코로나19 팬데믹으로 가장 많이 일자리를 잃은 것도 청년층입니다. 통계청이 발표한 '2020년 11월 고용동향'에 따르면, 30대와 20대의 취업자 수가 각각 24만 명, 21만 명으로 크게 줄었습니다. 이 자료에서는 30대 실업률 3.7퍼센트, 20대 실업률 8.2퍼센트로 집계했는데, 이는 주당 36시간 이하 아르바이트를 하면서 정식 취업을 준비하는 사람이나 아직 원서를 내지 않은 공무원시험 준비생, 그리고 더 이상 희망이 없다고 여기거나 기타 다른 이유로 구직을 포기한 사람 등은 포함되지 않은 수치입니다. 청년들이 느끼는 실질적인 '체감 실업률'은 훨씬 크다는 이야기입니다.

코로나19 팬데믹으로 20대 청년층이 더 많은 일자리를 잃은 이유는 그들 중 대다수가 숙박·음식점업, 교육서비스업 등과 같은 대면 서비스 업종에 종사했기 때문입니다. 상대적으로 좋은 일자리로 인식되는 제조업 일자리가 줄어들면서 진입은 쉽지만 소득은 낮은 서비스업에 취업한 청년들이 늘어난 것입니다. 일자리를 늘리려면 플랫폼 산업이 활성화되어야 하는데, 이 역할을 해야 하는 청년들은 눈앞의 생계 걱정에 매달려 있는 형편입니다.

청년들에게 기본소득이 필요한 이유

요즘 청년들 모습을 한번 볼까요. 정식 취업을 하기 전에 보통 아르바이트를 두서너 가지는 하고, 심지어 네 가지 이상 하는 사람도 있습니다. 월세도 내야 하고, 등록금 대출도 갚아야 하고, 각종 스펙 쌓기를 위한 비용도 만만치 않습니다. 그러다 정식 취업이 되면 다행인데, 그렇지 않으면 대학을 졸업하고 나서도 꽤 오랜 기간 비정규·저임금의 불안한 일자리를 전전하게 됩니다. 이런 상황에서 경제적 여건이 개선되기는 무척 어렵고, 그에 따라 주거빈곤이 증가하고, 결혼과 출산을 미루게 됩니다. 이런 것들도 문제지만 청년들이 당장 생계를 위한 돈을 벌기 위해 자신이 하고 싶은 일을 포기해야 하는 것 역시 사회적 차원에서 커다란 손실입니다.

청년이 희망을 가질 수 없는 사회는 미래를 기대할 수 없습니다. 저는 이런 청년들에게 최소 생계비의 일정 부분을 국가가 부담하는 정책으로서 '기본소득'의 도입이 시급하다고 생각합니다. 지난 20년 넘게 대한민국은 제조업 기반의 경제 생태계가 활력을 잃어가는 가운데 디지털 기반의 새로운 경제 생태계로의 전환을 만들어내지 못하고 있습니다. 현재 상황을 비유하자면, 우리가 사는 마을 옆으로 흐르는 물의 범람을 막기 위해 쌓은 제방이 무너져 마을이 물에 잠긴 상태입니다. 물이 넘쳐 생명을 잃고 가옥이 물에 잠겨 살 곳을 잃은 사람이 속출하는 상황이고, 이에 정부는 물에 빠진 사람을 건져내고 임시 거처라도 만들어줄 수밖에 없을 것입니다. 그러나 이러한 긴급대책이 근본적 처방이 될 수는 없습니다. 둑을 재건해야만 희생을 근본적으로 막을 수 있을 것입니다.

대한민국의 디지털 경제 생태계 구축의 주축은 이른바 MZ 세대와 알파 세대Generation Alpha●일 수밖에 없습니다. 디지털, 모바일, 인공지능 기술 등에 익숙한 세대이기 때문입니다. 다시 말해, 플랫폼 사업모델에 기반한 창업, 그리고 데이터와 아이디어의 결합을 통해 새로운 가치를 만들어내는 일은 각종 첨단 기술에 익숙한 청년 세대가 주도하게 될 겁니다. 이건 청년 세대가 창의적으로 마음껏 일할 수 있는 환경을 만들어주는 것이 우리나라의 성장과 혁신을 위한 토대가 되리란 의미이기도 합니다.

데이터와 아이디어가 핵심 생산요소로 부상한 디지털 경제 생태계는 노동의 성격 변화를 수반합니다. 경제학에서 노동은 효용을 감소시키는 선택으로 규정하기에 효용을 증가시키는 (임금)소득을 반대급부로 설정합니다. 즉 전통적인 산업사회에서 노동은 (임금)소득의 원천이었기에 전체 (하루) 시간 중 노동

● 2011~2015년에 태어나 어려서부터 기술적 진보를 경험하며 자라나는 세대를 지칭한다. 이 세대는 기계와의 일방적 소통에 익숙하나 정서나 사회성이 발달하는 과정에 부정적인 영향을 미칠 수 있다는 우려도 있다.

최배근

시간의 비중이 높을수록 (임금)소득을 증대시킬 수 있었습니다. 그런데 데이터 경제와 디지털 경제 생태계에서 필요로 하는 창의적 아이디어는 여가, 즉 자유시간에서 나옵니다.

저임금의 아르바이트를 하며 먹고사는 일에 시달리는 청년들에게 플랫폼 산업의 활성화를 위한 창조적 역량을 가져야 한다고 말하는 것은 공허한 주장이 될 가능성이 큽니다. 창의적 아이디어는 자신이 좋아하고 몰입할 수 있는 '여가와 놀이'에서 발휘가 되니까요. 자유시간이 많을수록 더 많은 아이디어를 활성화할 수 있다는 의미입니다.

근면성실을 금과옥조로 여겼던 기성세대로선 "잘 놀아야 더 많은 부를 만들어낼 수 있다"는 주장을 받아들이기 어려울 겁니다. 하지만 많은 노동시간이 생산성을 보장해주는 시기는 지나갔습니다. 근면성실에 매몰되면 미국 제조업이 밟았던 전철을 피할 수 없습니다. 억압적인 산업사회에 익숙한 기성세대들이 만들어놓은 후진적인 직업의식과 교육방식에서 청년들을 해방시켜야 합니다. 그러면 창의적 아이디어로 무장한 청년들이 스스로 사회적 가치를 창출하는 일거리를 찾아내고 데이터 경제를 살릴 수 있는 일자리를 만들어낼 겁니다.

1997년 외환위기, 2008년 금융위기, 그리고 2020년 코로나 팬데믹과 같은 위기가 왔을 때 정부가 기업에 금융 지원을 해주는 이유는 그래야 기업이 일자리 창출이라는 사회적 가치를 실현할 수 있기 때문입니다. 그런데 만일 청년들을 지원함으로써 일자리가 만들어지고 새로운 사회적 가치가 실현될 수 있다면 어떨까요? 이 역시 정부와 기성세대가 기꺼이 감당해야 할 사회적 책임입니다. 기본소득은 이제 이러한 차원에서 논의되어야 합니다.

기본소득은 복지가 아니라 '투자'다

중요한 것은 청년들에게 지급하는 기본소득을 '복지'나 '퍼주기'의 관점이 아닌 '투자'의 관점에서 접근해야 한다는 점입니다. 그것이 왜 '투자'인가 하면 청년들이 미래에 대한 희망을 만들 수 있어야만 그 사회의 미래도 지속가능하기 때문입니다.

한국 경제는 이미 저성장 시대로 접어들었습니다. 몇 년 후에는 경제성장률이 1퍼센트대에서 0퍼센트대까지 떨어질 겁니다. 저출산과 고령화 문제가 심화되면서 정부가 부담해야 할 공공예산 규모도 더 커질 겁니다. 그렇기 때문에 더욱 지속가능한 성장이 필요합니다. 노동력이나 자본 투입의 증가를 통해 성장을 만들 수 있는 시대는 막을 내리고 있습니다. 향후 성장은 생산성, 즉 혁신의 역량에 달려 있습니다.

지금 성장과 혁신의 토대를 만들어낼 수 있는 건 청년 세대입니다. 기성세대는 청년들이 성장과 혁신을 위해 더 창의적으로 일할 수 있도록 여건을 만들어주어야 합니다. 그러려면 노동시간을 줄여주어야 하고, 노동시간이 줄어든 만큼 (임금)소득의 감소를 보존해줘야 합니다. 그런 점에서 청년 대상의 기본소득 지원은 지속가능한 대한민국을 위한 최소한의 출발점입니다. 대한민국에 혁신이 활성화되려면 청년들의 역량을 키워줘야 하고, 그런 점에서 청년 대상의 기본소득은 혁신의 '시드머니seed money'입니다. 즉 기본소득은 사회의 미래를 만드는 '사회적 투자'인 것입니다.

따라서 국가 차원에서는 복지를 넘어선 경제 정책으로 기본소득에 접근해야 합니다. 가령 정부에서는 기업의 연구개발이나 혁신을 장려하고자 인센티브를 지급할 때가 있는데, 이건 해당 기업의 복지 때문이 아닙니다. 국가 차원에서 더 큰 경제적 산출물을 얻기 위한 것이고, 그렇기에 경제 정책이 되는 겁니다. 마찬가지로 청년층에 기본소득을 지급함으로써 데이터 경제를 활성화하고 수요를 창출하고 일자리를 늘릴 수 있다면, 이 역시 경제 정책의 차원에서 접근하는 것이 가능하지 않을까요.

또한 경제 정책에서 분배 시스템은 매우 중요한 문제입니다. 플랫폼 경제에서 가장 중요한 자원은 창의적 아이디어인데, 이것은 노동시간과 비례관계를 갖지 않습니다. 따라서 기존처럼 노동시간 투입에 기초한 소득 분배 시스템은 문제가 있습니다. 근본적인 산업구조가 변화하면 분배 시스템도 그에 따라 변화해야 합니다. 기본소득은 새로운 산업구조에서 필요한 분배 시스템이며, 따라서 국가 차원의 경제 정책으로 접근해야 합니다.

기본소득 개념이 계속 진화해왔다는 점도 기억해야 합니다. 기본소득이 복지 차원에서 논의되던 것은 초기이며, 지금은 전 세계 여러 국가에서 경제 정책의 일환으로 접근하고 있습니다. 여기에는 기본소득이 경기침체를 극복하고 생산성을 혁신하는 데에 기여할 수 있다는 생각이 기본 전제로 깔려 있습니다.

더욱이 지금까지는 '전 국민'을 대상으로 하는 기본소득에 대해 주로 논의가 되었는데, 이건 현재의 우리나라 재정으로는 감당하기 어렵습니다. 당장 세제 개편을 해서 세수를 많이 늘린다 해도 한계가 있습니다. 혁신이 활발하게 이뤄지는 청년 세대를 중심으로 기본소득을 우선 도입하는 것이 더 현실적인 방안이 될 수 있습니다. 혁신이 활성화되어 사회 전체의 파이가 커지면 기본소득의 지급 대상도 확장할 수 있을 것입니다.

'기본소득'이라는 단어가 갖는 의미적 한계 역시 따져봐야 합니다. 기본소득은 '최소한의 생계유지가 가능한 정도의 소득'이라는 의미를 갖고 있는데요, 어느 정도 금액이어야 최소한의 생계유지가 가능할까요? 한 달에 약 100만 원에서 150만 원은 있어야 할 겁니다. 100만 원을 매달 모든 국민에게 지급하려 해도 연 622조 원이 필요합니다. 2021년 정부 예산이 558조 원입니다. 사실 현재의 시스템에서 국민 모두에게 최저생계비를 기본소득으로 지급할 수 있는 국가는 지구상에 없습니다. 현재의 생산력과 시스템에서는 불가능합니다.

따라서 지금 경제 정책 차원에서 이야기되는 '기본소득'은 '생계유지비'가 아닙니다. 노동시간을 줄이고 자유시간을 확보할 수 있도록 하자는 취지이기 때문에 늘어나는 자유시간만큼의 임금을 보전해주는 수준이면 됩니다. 그것도 처음에는 한 달에 약 30만 원에서 50만 원 정도, 그리고 40세 이전까지 관심 있는 일거리를 만들고 싶을 때 5년 정도 지원하는 것으로 시작할 수 있습니다. 이 정도는 지금 우리 재정에서 충분히 감당할 수 있는 수준입니다.

'왜 청년에게만 기본소득을 지원하는가' 하는 문제를 지적할 수 있습니다. 일반 국민 전체를 대상으로 한 기본소득은 1년에 1~2회 지급할 수 있습니다. 전 국민 재난지원금을 떠올리면 됩니다. 경기도에서 '전 국민 재난기본소득'으로 부른 배경이기도 합니다. 현재 논의되는 기본소득 재원으로 국토보유세를 도입할 경우 국민 모두에게 연 100만 원 지급은 가능할 것으로 추정됩니다. 탄소세를 도입한다면 추가적인 기본소득 지급도 가능할 겁니다. 이처럼 기본소득은 유연하게 적용할 필요가 있습니다. 그래야 현실에 뿌리를 내릴 수 있을 것입니다.

제가 설명드린 기본소득의 개념과 취지는 기존의 복지 체계에 아무런 영향도 미치지 않습니다. 따라서 기본소득 도입보다 복지를 확대해야 한다는 주장과도 충돌하지 않습니다. 전통적 복지는 소득 보장을 위해 사회보험과 (아동수당, 기초연금 등) 사회수당 제도를 기본으로 운용하고 (이것으로도 기초생계비가 부족한 빈곤자에게) 공공부조(기초생활보장 등) 제도로 보완하고, 사회서비스 보장을 위해 보육·교육·의료·요양 서비스를 사실상 무상으로 제공하고 있습니다. 그런데 기본소득은 복지의 지향 목표를 건드리지 않으면서 사회보험, 사회수당, 공공부조 등의 내용을 강화할 뿐 아니라 조세 저항을 최소화한다는 점에서 실행력을 제고합니다.

무엇보다 청년에 대한 기본소득은 청년이 꿈을 갖게 하고, 우리 사회의 미래를 만들 수 있는 혁신을 위한 '시드머니'라는 점을 이해해야 합니다. 기업이 새로운 수익사업을 만들지 못하고 정부가 미래 성장동력을 만들지 못하는 상황에서, 최소한의 지원으로 청년 세대뿐 아니라 우리 사회의 미래까지 만들 수 있다면, 청년에 대한 기본소득 지원은 가장 효율적인 사회적 투자일 것입니다. 그리고 청년이 숨을 쉬게 해주는 것은 기성세대가 담당해야 할 최소한의 의무이기도 합니다.

최배근

5장

그린으로의 전환

| 홍종호 |

그린뉴딜은
세계 경제를
어떻게 바꿀 것인가

홍종호

서울대학교 환경대학원 교수이자 시민사회에서 (사)에너지전환포럼 상임공동
대표와 환경운동연합 공동대표를 맡고 있다. 서울대학교 경제학과를 졸업하고
코넬대학교에서 환경·에너지 분야로 경제학 박사 학위를 받았다. 한국개발연
구원(KDI) 펠로우, 한양대학교 경제금융대학 교수, 한국재정학회 및 한국환경경
제학회 회장, 서울대 환경대학원 원장, 세계은행 및 아시아개발은행 컨설턴트,
대통령 자문 지속가능발전위원회 위원, 대통령 직속 재정개혁특위 위원을 역
임했다. 환경적·경제적 타당성을 결여한 국책사업을 비판하고, 에너지전환과
ESG(환경·사회·지배구조)를 통한 적극적인 기후변화 대응을 주장해왔다. 학자
로서의 전문성과 책임성을 바탕으로 지속가능한 사회경제 실현을 위해 노력하
고 있다. 기후변화와 환경·공공 정책 관련 비용편익 분석, 지속가능한 발전 정
책 연구 분야에서 선구적 위치에 있다.

지금까지 경제 성장의 역사는 화석연료 사용의 역사와 등치된다고 해도 과언이 아닙니다. 그러나 세계는 이제 화석연료 중심의 산업구조를 재생에너지 중심으로 전환하는 지속가능한 발전을 추구하고 있습니다. 한국도 그린뉴딜 정책을 발표하고 본격적인 가동을 시작한 만큼, 경제와 환경의 선순환을 만들 수 있도록 철저하게 실행해가야 합니다. 이는 진보와 보수로 갈라져 다툴 문제가 아닌 대한민국의 생존이 달린 절체절명의 사안입니다.

경제 위기와 환경 위기는 정말 별개일까?

지금 전 세계는 코로나19 팬데믹이라는 재난을 극복하기 위한 핵심 정책으로 '그린뉴딜Green New Deal'을 주목하고 있습니다. 그린뉴딜은 화석원료와 같은 전통 에너지에서 재생에너지로의 전환, 친환경 에너지 기업 육성, 그린산업 분야의 일자리 창출 등에 관한 정책을 말합니다. 핵심은 기후위기 문제를 해결하면서 무너진 경제도 함께 재건하는 데 있습니다. 그러려면 환경과 경제를 동시에 포용할 수 있는 방향으로 나아가야겠지요. 불합리한 환경 규제로 경제의 발목을 잡아도 안 되겠지만, 경기부양책으로만 치우쳐 기후위기를 외면해서도 안 됩니다.

그런데 누군가는 경제도 급하고 환경도 급한데 두 가지를 함께 해결하는 것이 가능하겠느냐고 묻습니다. 먹고사는 문제부터 해결하고 환경은 천천히 돌봐도 되지 않겠냐고 말하는 사람도 있고요. 환경보다는 경제가 먼저라는 생각, 혹은 경제와 환경은 별개라는 인식 때문입니다.

홍종호

이러한 인식을 잘 보여주는 사례 중 하나가 '값싼 전기요금' 입니다. 조금 불편한 이야기겠지만, 지금 우리는 전기를 너무 싼값에 사용하고 있습니다. 전기를 만들 때 발생하는 환경 비용을 전혀 부담하지 않고 있습니다. 대다수 유럽 국가에서 전기요금에 30~50퍼센트의 세금을 부과하는 것과 달리 한국에서는 전기요금에 부가가치세 외에는 세금을 붙이지 않습니다. 정부에서는 물가 안정을 핑계로 오랫동안 전기요금을 묶어놓고 있는데, 그만큼 국민 생활에 영향을 미치는 공공요금 인상에 대한 정치적 부담이 있기 때문일 겁니다. 그러다 보니 한국의 가정용 전기요금은 OECD 주요 26개국 중 가장 저렴합니다.

국제에너지기구IEA에서 2020년 12월 발표한 '국가별 가정용 전기요금' 자료를 보면, 가정용 전기요금이 가장 비싼 국가는 독일인데 한국의 3배가 넘습니다. 가구별 전체 소비지출에서 차지하는 비중을 보더라도 통신비는 5.5퍼센트인 데 반해 전기요금은 1.7퍼센트밖에 되지 않아요. 통계청 자료에 따르면, 우리나라 2인 이상 도시근로자 가구의 월별 평균 전기요금은 4만 6,543원이고, 통신요금은 15만 522원입니다. 상황이 이러한데도, 전기요금을 올린다고 하면 우리 국민의 반응은 어떻습니까? 듣기 싫고 불편하니까 인상을 쓰거나 화를 냅니다. 전기요금을 올려야 전기를 절약해서 사용하고, 그래야 탄소도

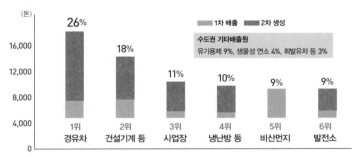

*2016년 기준(초미세먼지 배출량 = 1차 배출+2차 생성)

출처 : 국가기후환경회의 국민정책참여단 2020년 학습자료집

수도권 연간 미세먼지(PM-2.5) 배출 현황

더 적게 배출할 수 있잖아요. 이걸 모르는 게 아닙니다. 경제 논리를 앞세워 환경 문제는 애써 외면하고 마는 겁니다.

전기요금 외에도 당장 바꿔야 할 과제가 한 가지 더 있습니다. 바로 '경유세'입니다. 지금 도로에 다니는 차 두 대 중 한 대는 SUV, 버스, 트럭 등 경유차입니다. 모두 알다시피 경유차는 미세먼지의 주범으로, 특히 수도권에서는 경유차의 미세먼지 배출 비중이 가장 높다고 합니다. 2위와 3위가 각각 '건설기계'와 '사업장'이라고 하니 경유차 운행으로 발생하는 환경오염이 어느 정도 심각한지 충분히 짐작될 겁니다. 따라서 경유세를 인상해서 경유 신차 구입을 부담스럽게 만들고, 기존 경유차 운행을 줄여야 합니다. 대신 하이브리드차나 전기차 등

친환경차나 대중교통 이용을 늘려야 합니다.

저는 정치인이나 공무원을 만나면 전기요금이나 수송용 유류세제 체계를 바꿔야 한다는 이야기를 꼭 합니다만, 대부분 "그런 사실은 잘 알고 있습니다. 그런데 그렇게 하면 사람들이 싫어합니다"라면서 부담스러워 합니다.

모든 나라가 이럴까요? 그렇지 않습니다. 유럽 국가에서는 시민들의 인식이 다릅니다. 정치적 이념을 떠나 환경과 기후변화는 모두가 똑같이 고민해야 할 문제라고 여깁니다. 심지어 덴마크에서는 정부가 전기요금을 내리겠다고 공언해도 국민들이 재생에너지 산업을 더 키우기 위해 높은 전기요금을 받아들이겠다고 합니다. 대표적인 재생에너지인 풍력발전에 대한 국민 참여와 수용성이 매우 높은 덕분에 덴마크의 재생에너지 발전 비중은 놀랍게도 80퍼센트를 넘어섰습니다.

반면 우리나라는 어떻습니까? 풍력발전소나 태양광발전소를 짓는다고 하면 주민들이 나서서 반대 시위를 합니다. 재생에너지 시설에 대한 국민 수용성이 매우 낮습니다. 이런 탓에 우리나라 재생에너지 발전 비중은 2019년 기준 5.1퍼센트에 불과합니다. 1차에너지 공급에서 재생에너지가 차지하는 비율도 2.36퍼센트밖에 되지 않고요. GDP 규모로는 세계 10위권인 나라가 재생에너지 발전 분야에서는 OECD 국가 중 꼴찌를 면치 못하고 있습니다.

탄소 배출을 너무 많이 해서 '기후악당'이라는 별명까지 얻은 나라에서 여전히 전기요금이나 기름값을 올리자는 정책은 싫어하고 반대합니다. 전기요금 올리고 기름값 올리면 당장은 지출이 늘어나는 것 같겠지만, 그렇게 해서 탄소배출량이 줄어들고 환경이 좋아지면 결국은 경제적으로도 이익입니다. 한국은 지금 이런 부분에 대한 인식이 부족해요. 여전히 환경 위기와 경제 위기는 별개라고 생각하는 사람들이 많습니다.

과학자들은 향후 10년 안에 급진적인 온실가스 감축이 이루어지지 않으면 인류는 돌이킬 수 없는 결과를 맞이하게 될 것이라 경고하고 있습니다. 이러한 경고에도 우리나라 정치권과 산업계는 다른 국가에 비해 소극적으로 대응하고 있습니다. 기후변화는 먼 미래의 일이니 당장은 경제가 더 중요하다고 말합니다. 과연 그럴까요? 지구의 평균 기온 상승으로 인한 변화들은 이미 세계 곳곳에서 실제 상황으로 벌어지며 심각한 영향을 미치고 있습니다. 홍수와 가뭄, 폭염 등으로 인해 산업시설이 파괴되고 생산성이 떨어지는가 하면, 인명 피해까지 발생하는 걸 우리 눈으로 생생하게 목격하고 있지 않습니까?

제가 참여한 서울대학교 연구팀에서 우리나라에 내릴 예상 강수량을 토대로 통계 모형을 만들어 2060년까지 시뮬레이션을 해보니, 어느 특정 한 해에 자연재해로만 최대 약 24조 원의 경제적 피해를 입을 수 있다는 결과가 나왔습니다. 지금까

홍종호

지는 2002년 태풍 루사 때 발생한 약 6조 원이 역대 가장 큰 피해액이었습니다. 앞으로 홍수와 태풍으로 겪게 될 경제적 피해는 점점 더 커질 겁니다. 이것이 우리에게 가르쳐주는 교훈은 환경과 경제는 별개의 문제가 아니며, 안전한 환경의 토대 위에서만 경제가 지속적으로 발전할 수 있다는 사실입니다.

'그린스완'이 오고 있다

세계경제포럼WEF이 2020년 1월 발표한 〈글로벌 리스크 리포트 2020The Global Risk Report 2020〉을 보면, 1위에서 5위까지가 모두 '환경' 관련 문제들입니다. 1위가 극심한 기상이변이고, 기후변화 대응 실패, 자연재해, 생물다양성 손실, 인공 자연재해가 그 뒤를 잇고 있습니다. 테러 공격이나 난민문제보다 기후변화가 전 세계를 위협하는 가장 큰 리스크이자 난제인 것입니다. 또 국제결제은행BIS은 〈그린스완Green Swan〉이라는 제목의 보고서에 기후변화가 경제에 전방위적인 영향을 미치고, 결국 금융위기까지 초래할 수 있다는 경고의 메시지를 담았습니다. 기후변화로 인한 금융위기 가능성을 가리키는 '그린스완'은 도저히 일어날 것 같지 않은 일이지만 만일 일어난다면 극심한 충격을 동반하는 '블랙스완'에 비유한 용어입니다.

이러한 위기의식 속에서 세계는 이미 오래전부터 '그린'으로 방향을 틀어 기민하게 움직여왔습니다. 1992년 지구온난화 방지 및 온실가스 규제를 위한 국제협약으로 '유엔기후변화협약UNFCCC'이 처음 체결되었고, 1997년에는 각국의 온실가스 감축 목표 및 구체적 이행방안을 설정하는 '기후변화협약에 대한 교토의정서'가 발표되었습니다. 그리고 교토의정서 체제가 만료되는 2020년 이후의 새로운 기후변화협약으로 '파리기후변화협정*'이 2015년 채택되었습니다. 2008년 글로벌 금융위기로 세계 경제가 크게 휘청거렸을 때는 유엔환경계획UNEP에서 〈글로벌 그린뉴딜Global Green New Deal〉이라는 보고서를 내놓았습니다. 보고서에는 "경제 회복과 일자리 창출, 기후변화와 생태계 파괴, 불평등과 빈곤 문제를 동시에 해결하기 위해서는 지구적 차원의 녹색 투자와 정책이 필요하다"는 내용이 담겼습니다.

그로부터 약 10년 후 세계 경제는 코로나 팬데믹이라는 전대미문의 재난을 맞이했습니다. 2008년의 금융위기가 피가 부족하고 혈관이 막히는 병이었다면, 이번 코로나19가 불러온 경

---

* 2015년 12월 12일 파리에서 열린 21차 유엔기후변화협약 당사국총회의에서 채택한 협정이다. 교토의정서에는 선진국에만 온실가스 감축 의무가 있었지만, 해당 협약에서는 195개 당사국 모두가 감축 목표를 지켜야 한다. 195개 당사국은 세계 온실가스 배출량의 90퍼센트 이상을 차지한다. 각 국가가 자발적으로 온실가스 감축 목표를 정하는 국가결정기여(NDC)를 제출하도록 하고 있으며, 한국은 2030년의 목표연도 배출전망치 대비(BAU) 37퍼센트 감축 목표를 제출했다.

홍종호

제 위기는 온몸에 종양이 생기고 몸 전체가 마비되는 중증 질환에 비유할 수 있습니다. 기후변화로 인해 인수공통감염병이 확산되면서 인류에게 거대한 질병 위기가 찾아왔습니다. 질병 위기는 다시 글로벌 경제 위기를 초래했습니다. 기후위기의 근저에는 탄소를 끊임없이 배출하는 경제 활동이 자리잡고 있습니다. 환경을 무시하는 물질주의와 개발주의를 앞세우는 성장 전략이 어떤 끔찍한 재앙을 초래하는지 코로나19가 다시 한번 여실히 보여주고 있습니다.

이제 '그린'은 선택이 아니라 생존이 되었습니다. 코로나 팬데믹을 극복하고 지속가능한 경제 발전을 이루기 위해선 '녹색 회복Green Recovery'이 절실합니다. 다시금 생태계를 파괴하는 방식으로 경제를 재건해서는 안 되며, 에너지 전환을 통해 경제와 환경이라는 두 마리 토끼를 잡을 수 있는 방향으로 나아가야 합니다. 유럽연합 집행위원회가 2019년 12월 발표한 '유럽의 그린딜European Green Deal' 역시 핵심은 경제 성장은 지속하되 자원과 에너지를 효율적으로 사용하자는 데 있습니다.

유럽연합 집행위원장 우르줄라 폰 데어 라이엔Ursula von der Leyen은 유럽의 그린딜을 발표하면서 "그린딜은 새로운 성장 전략이다. 그린딜은 탄소를 감축하면서 일자리를 창출할 것이다"라고 말했습니다. 유럽의 그린딜은 '기후변화를 일으키는 화석 연료 사용에 기반한 경제 활동에서 탈피'함으로써 '경제와 에너지 사이에 탈동조화를 실현'하겠다는 선언입니다. '경제와 환경, 개발과 생태는 상충된다'는 케케묵은 이분법을 깨뜨려버린 겁니다. 유럽연합은 그린딜 정책을 실현하기 위해 향후 7년간 최소 1,000조 원의 재정을 투자할 계획입니다.

우리나라도 코로나19가 불러온 경제 위기를 극복하기 위한 '한국판 뉴딜 종합계획'을 발표했으며, 여기에 '그린뉴딜'이 포함됐습니다. 국회가 확정한 제3차 추가경정예산 35조 1,000억 원 중 그린뉴딜 관련 사업 예산은 1조 2,200억 원으로 3.4퍼센트 비중입니다. 정부는 그린뉴딜에 향후 5년간 총 42조 7,000억 원의 재정을 투입할 계획입니다. 유럽의 그린딜과 비교하면 큰 규모라고 할 수는 없지만, 더 중요한 건 이 정책이 10년 이상 지속적이고 일관되게 추진되어야 한다는 점입니다. 또한 주어진 예산을 적재적소에 가장 효과적으로 사용해야만 그린뉴딜이 지향하는 목표와 전략에 대한 국민 공감대가 높아질 것입니다.

그린뉴딜은 단순히 기후변화만을 위한 해법이 아닙니다. 경제와 환경, 성장과 보전 등 기존에 상충하던 가치를 조화하여 지속가능성을 추구하자는 정부와 국민 사이의 협약입니다. 공급 측면에서는 재생에너지를, 수요 측면에서는 에너지 효율을 전면에 내건 새로운 사회경제 구조로의 전환이며, 새로운 경제 성장동력을 확보하기 위한 미래지향적인 발전 전략입니다. 포스트 코로나를 대비해야 하는 이 시점에 그린뉴딜이 왜 가장 중요하고 효과적인 대안인지 그 구체적인 내용을 살펴보도록 하겠습니다.

경제와 환경 사이의 선순환을 만든다

우리는 코로나19 확산 이후 거리에 사람과 차량이 눈에 띄게 줄어들고 전반적인 경제 활동이 크게 위축되는 과정 속에서 한편으로 공기의 질이 한층 개선된 것을 경험했습니다. 이런 현상을 '팬데믹의 역설paradox of pandemic'이라고 부릅니다. 미세먼지 농도가 세계 최고 수준인 인도 델리에서는 코로나19로 인한 국가 봉쇄 조치 이후 청명한 하늘이 나타났고, 히말라야 산맥이 보이는 놀라운 일까지 벌어졌습니다.

산업혁명 이후 인간은 필요한 에너지를 석탄이나 석유와 같은 화석연료를 통해 확보했습니다. 지금까지 경제 성장의 역사는 화석연료 사용의 역사와 등치된다고 해도 과언이 아닐 것입니다. 그런데 팬데믹으로 경제 활동이 줄어들면서 화석연료 사용이 줄어들고, 그에 따라 미세먼지와 이산화탄소 배출도 줄어든 겁니다. 과학자들이 지난 수십 년 동안 관찰과 연구를 통해 내린 결론은 '기후변화는 인간 경제 활동의 결과물이다'라는 것입니다.

IPCC(기후변화에관한정부간협의체)의 2014년 제5차 보고서는 기후변화의 원인으로 '인간 경제 활동의 결과로 배출된 탄소와 메탄 등 온실가스'를 지목했습니다. 20세기 중후반까지만해도 '경제 성장을 하면 환경 오염이나 생태계 파괴는 불가피하다'고 생각하던 우리에게 팬데믹의 역설은 '경제 활동을 하되 환경을 보전하는 방향으로 해야 한다'는 인식의 전환을 가져다주었습니다. 다시 말해, 화석연료에 기반한 경제 시스템에서 탈피해 재생에너지를 늘리는 방식으로 경제 활동을 전면적으로 바꿔야 한다는 사실을 깨닫게 해준 것입니다.

지금까지는 경제와 환경이 악순환 관계에 놓여 있었습니다. 사람이 돈을 벌고 쓰는 과정에서 에너지를 소비하며 온실가스를 배출합니다. 온실가스로 인한 기후변화는 폭염과 가뭄, 홍수와 같은 자연재해를 일으켜 경제적 피해를 가져옵니다. 그리고 자연재해 문제를 해결하기 위해 또 돈과 자원을 씁니다. 이러한 악순환을 선순환으로 바꾸려면 어떻게 해야 할까요? 화석연료 대신 재생에너지를 사용하면 됩니다. 재생에너지를 사용하는 경제 활동을 하면 환경 피해가 줄어들고 그로 인한 복구비용도 줄어듭니다. 그 돈은 다시 경제 활동에 필요한 재생에너지를 더 많이 만드는 데에 쓸 수 있습니다.

유럽 그린딜의 핵심이자 출발점은 바로 온실가스 순배출량을 제로로 만드는 '기후중립climate neutral'입니다. 한국판 그린

홍종호

뉴딜에도 '탄소중립 사회를 지향한다'는 내용이 포함돼 있습니다. 2020년 7월 발표한 한국판 그린뉴딜 종합계획에는 구체적인 목표 시점이 없다는 비판이 제기되었는데, 이후 정부는 '2050년 탄소중립'*을 선언함으로써 목표 시점을 명확히 했습니다. 우리나라 정책사에 커다란 전환점이 될 만한 사건이라고 생각합니다. 탄소배출량을 적극적으로 줄여나감으로써 경제와 환경의 선순환을 만들어가겠다는 의지를 확실하게 보여준 것입니다.

그린뉴딜로 일자리를 만든다

석탄, 석유, 원자력 등 기존의 전통 에너지 구조를 풍력과 태양광, 바이오 등 재생에너지 중심으로 바꿔나가는 과정을 '에너지 전환'이라고 합니다. 이때 중요한 과제 중 하나는 태양광발전이나 풍력발전과 같은 분산형 발전설비를 촘촘히 연결하기 위한 전력계통망을 구축하는 일입니다. 그린뉴딜 사업에는

● 탄소중립은 탄소 배출량과 흡수량을 상계해 순배출량이 0이 되는 상태를 말한다. 2020년 10월 문재인 대통령이 국회 연설을 통해 2050년 탄소중립을 거명한 이후 12월에 공식적으로 '대한민국 탄소중립 비전'을 선언했다. 경제구조 저탄소화, 저탄소 산업생태계 조성, 탄소중립 사회로의 공정전환이라는 3대 정책 아래 에너지 전환 가속화, 고탄소 산업구조의 혁신, 친환경차 보급 확대, 탄소중립에 대한 국민인식 제고 등 10대 과제를 발표했다. 녹색경제로 전환하는 과도기의 청사진을 제시했다.

도심에서 빗물을 효율적으로 사용하는 데 필요한 저장 시설이나 상하수도 누수를 방지하기 위한 지하망에 대한 투자도 포함됩니다. 전력계통망과 지하망을 구축하는 사업은 ICT를 비롯해 사물인터넷, 빅데이터 등 디지털 기술과 융합이 가능한 스마트 사업이면서, 동시에 사회간접투자SOC와 관련되어 산업 파급 효과와 고용유발 효과가 매우 큰 사업이기도 합니다.

현재 우리나라에서 가장 시급한 경제정책 과제가 일자리 창출인데, 그린뉴딜의 일자리 창출 효과는 어마어마합니다. 정부는 그린뉴딜을 통해 2025년까지 일자리 65만 9,000개를 창출하겠다고 발표했지요. 재생에너지로의 전환 과정에서 인프라 투자로 인한 건설과 제조 부문에서 대규모 일자리가 창출될 것으로 예상합니다.

노후로 인해 에너지 효율이 저하된 공동주택, 학교, 의료시설 등의 건물을 친환경적으로 리모델링하는 사업에도 많은 인력이 투입될 예정입니다. 우리나라에 15년 이상 된 노후 건물이 74.5퍼센트나 된다고 하니 친환경 리모델링이 이루어지면 탄소배출량을 줄이는 데에도 적잖은 기여를 할 것으로 보입니다. 풍력발전, 태양광발전 등 재생에너지 시설을 유지하고 관리하는 데에도 많은 인력이 필요합니다. 정부에서는 재생에너지가 다른 에너지원보다 3배 이상 많은 일자리를 창출할 것이라고 예측하고 있습니다.

또 다른 일자리 예측치도 있습니다. 제가 연구를 수행한 세계자연기금WWF 한국본부의 장기 재생에너지 확대 시나리오를 활용해 재생에너지 부문 일자리 창출을 전망했더니, 2050년까지 재생에너지 발전 비중을 67퍼센트로 확대할 경우 그 과정에서 2030년 15만 4,000여 개의 새로운 일자리가 만들어진다는 분석 결과가 나왔습니다. 만약 2050년 최종에너지 전부를 재생에너지로 충당할 수 있다면 새로 생기는 일자리 수는 약 50만 개에 달하는 것으로 추산됐습니다. 2017년 기준 국내 자동차 산업에 직간접적으로 종사하는 인원이 49만 명 정도임을 감안할 때 재생에너지로 창출되는 일자리 규모가 어느 정도인지 짐작이 가능하겠지요.

그린뉴딜로 일자리가 창출되는 건 바람직한 일이지만, 그렇다고 증가하는 일자리에만 초점을 맞추면 안 됩니다. 산업구조가 녹색으로 전환하는 과정에서 일자리가 없어지거나 축소되는 산업 분야에 대해서는 정부가 적극적인 재정 및 교육훈련을 지원하는 '정의로운 전환'을 추구해야 합니다. 단기적인 경기부양 자체만 목표로 해서는 안 되고, 기업과 개인, 대기업과 중소기업 등 모든 사회구성원이 함께 먹고살 수 있는 '포용 성장'의 길로 나가야 합니다. 환경을 생각하는 '착한 소비'를 늘리는 한편, 노동자의 삶의 질과 소득 양극화 문제에도 적극 개입해 정책적인 지원이 이루어져야 합니다.

에너지 분야가 가져올 혁신의 기회

오늘날 세계적으로 에너지 시장과 에너지 산업은 격변과 혁신의 용광로입니다. 디지털 혁명은 에너지 분야에도 혁신을 일으켜 에너지 산업의 디지털화를 촉진하고 있습니다. 이러한 기술 혁신과 시장 개혁으로 재생에너지 발전단가가 급격히 낮아지면서 이른바 '그리드 패러티grid parity'가 세계 여러 국가에서 달성되고 있습니다. 그리드 패러티는 태양과 바람을 이용한 재생에너지 발전단가가 원전이나 석탄화력발전 등 전통 에너지원의 발전단가와 같아지는 시점을 가리킵니다.

전통적으로 발전단가가 가장 낮은 에너지는 원자력과 석탄이었는데요, 2010년부터 2019년까지 최근 10년 사이 태양광과 풍력의 발전단가가 각각 82퍼센트, 39퍼센트나 떨어졌다는 분석이 있습니다. 태양광발전을 위한 필수 설비인 패널의 경우 대량생산이 시작되면서 단가가 굉장히 많이 떨어졌습니다. 패널 효율이 많이 향상되었고, 수명도 굉장히 길어졌어요. 해상풍력 발전기도 마찬가지입니다. 거대한 날개인 블레이드blade의 회전 지름이 200미터가 넘고 발전용량도 10메가와트 이상인 초대형 해상풍력 발전기가 속속 설치되고 있습니다. 유럽은 해상풍력 발전단가가 급격히 떨어져서 석탄이나 원전의 발전단가보다 훨씬 싼 경우도 생겼어요. 덴마크는 전력의 65퍼센트를 풍력에서 얻고 있습니다. 과거 불가능할 것으로 여겨졌던 기술적·경제적 한계를 다 뛰어넘고 있어요.

이러한 세계적인 추세와는 달리 우리나라에서 에너지 산업은 혁신 잠재력이 가장 크면서 역사적으로 가장 혁신하지 못한 분야입니다. 에너지 산업 혁신을 위해서는 무엇보다 재생에너지에 대한 국민 수용성을 높여야 합니다. 우리 국민에게 태양광과 풍력은 여전히 낯선 대상입니다. 아직까지 직접 체험해본 사람이 적어서 그 가치를 알고 있는 사람이 많지 않은 거죠. 원전과 화력처럼 거대 공장에서 생산된 전기에 익숙한 기성세대에게 훌륭한 전력 공급 대안이 있음을 지속적으로 보여줄 필요가 있습니다.

더불어 재생에너지 시장을 확대해야 합니다. 그래야 재생에너지 사업자들이 혁신할 수 있는 동력을 얻을 수 있으니까요. 전력 부문에서는 판매 시장을 개방해서 사업자가 재생에너지를 필요로 하는 기업과 개인들에 자유롭게 팔 수 있고, 소비자도 자유롭게 사업자를 선택해서 전기를 살 수 있게 해야 합니다. 그러려면 전기요금 체계를 바꾸고 현실화해야 하는데, 우리나라는 아직까지 전기요금이 정부의 강력한 통제 아래 놓여 있지요. 전기요금을 현실화하면 지금보다는 비싸질 겁니다. 하지만 그렇게 되면 전기를 좀 더 효율적으로 생산하고 공급하려는 혁신이 시작되겠지요. 이러한 움직임은 궁극적으로 우리

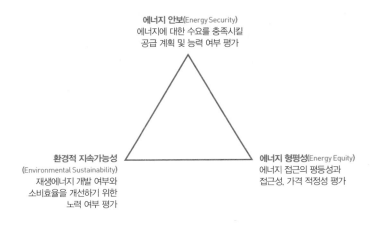

세계에너지총회의 세 가지 트릴레마 항목

사회와 경제에 좋은 결과를 가져옵니다. 독일처럼 에너지전환 정책을 꾸준히 추진한 나라에서는 재생에너지 발전단가가 떨어지고 있어 전기요금도 점차 낮아지고 있는 추세입니다.

에너지 전환 산업은 환경, 생태계, 기후변화 차원뿐 아니라 산업적으로나 경제적으로 성장 가능성이 충분합니다. 하지만 우리나라가 받아든 성적표는 초라하기 그지없습니다. 세계경제포럼이 발표하는 에너지전환지수ETI에서는 조사대상 115개국 가운데 48위를 차지했고, 세계에너지총회WEC가 발표하는 '에너지트릴레마지수Energy Trilemma Index'는 OECD 37개국 중 30위입니다. 에너지트릴레마지수는 전 세계 각국의 에너지 시스템을 평가하는 지표로 에너지 안보, 환경적 지속가능성, 에

홍종호

너지 형평성의 세 가지 항목을 평가합니다. 정부에서 스마트한 정책을 통해 에너지 산업에서 역동적인 혁신이 일어나도록 유도해야 합니다. 가령 주민 수용성 문제 같은 경우 중앙정부와 지자체에서 풀어줘야지, 기업이 알아서 해결하라는 식이면 안 됩니다. 그린뉴딜의 방점은 규제가 아닌 혁신과 변화의 기회를 열어주는 쪽에 찍혀야 합니다.

주민참여형 발전 사업으로 지역 기반 소득 창출

기존의 화석연료 기반 발전 사업은 워낙 설비규모가 크기 때문에 대기업이 참여하지 않으면 할 수 없었습니다. 반면에 태양광이나 풍력과 같은 재생에너지는 분산형 방식이기에 중소 발전 사업자들과 건설업체들도 충분히 참여할 수 있어요. 재생에너지 기반의 전력은 각 지역 단위의 소규모 발전설비를 통해 소비자에게 전력을 공급할 수 있습니다. 이걸 분산형 발전방식이라고 합니다.

태양광발전 사업은 주민참여형 특성도 지니고 있어서 지역 기반의 소득 창출에 대한 기대가 높습니다. 국가사업으로 진행하고 있는 '농촌 태양광 사업'은 농촌 지역의 소득 창출에 큰 도움을 주고 있습니다. 예전에는 태양광발전 사업을 주로

새만금 태양광발전소. 전북 군산의 새만금 지역에 국내 최대 규모의 재생에너지 클러스터가 조성될 예정이다. 수상형 태양광 종합평가센터, 에너지산업 융복합단지 종합지원센터, 해상풍력 산업지원센터, 신재생에너지 전문인력 양성센터 등 재생에너지 기술 개발과 산업화를 지원하는 기관들이 2022~2023년에 차례로 완공될 예정이다.
출처 : 연합뉴스

외지인들이나 기업들이 주도했기 때문에 혜택을 보는 농촌 지역민들이 많지 않았다죠. 그러나 이제는 다양한 금융 지원과 제도 개선이 이루어져 농가의 제2소득원으로 농업인들의 부가수익 창출에 기여하고 있습니다. 뿐만 아니라 에너지 협동조합이나 주민 지분 참여형 방식의 재생에너지 사업도 활발히 일어나고 있습니다.

재생에너지 발전 산업은 대자본뿐 아니라 중소자본도 참여할 수 있는 장점 때문에 지역경제 활성화에 크게 기여할 수 있습니다. 이를 통해 국가균형발전 효과를 가져올 수 있어요. 이미 가시적인 효과를 나타내고 있는 사례들도 있습니다. 폐광지역을 풍력발전단지로 재탄생시킨 정암풍력발전단지가 그 사례라고 할 수 있습니다. 지금은 관광지로 재탄생되어 지역경제에 많은 보탬이 되고 있다고 합니다.

시민들이 직접 에너지를 생산하고 판매해 수익을 창출하는 시민주도형 재생에너지 사업도 늘어나는 추세입니다. 이러한 사례로 안산시민햇빛발전협동조합, 서울시 은평구의 태양과바람에너지협동조합, 그리고 전주시민햇빛발전소 등을 들 수 있어요. 국내 최초의 대규모 주민참여형 풍력사업인 태백가덕산 풍력발전 사업도 주목할 만한데, 크라우드 펀딩 방식으로 진행하고 있어 더욱 기대가 큽니다. 국내 최대의 재생에너지 클러스터가 구축될 예정인 새만금에 대한 기대도 높습니다. 중앙정부와 지자체, 기업과 주민의 유기적 협력과 상생 구조가 정착된다면 재생에너지는 지역을 기반으로 하는 수익성 확보와 지역 주민을 위한 소득 창출 대안이 될 것입니다.

글로벌 탈탄소 경제에서의 기업 경쟁력 확보

코로나19 팬데믹은 국제무역 질서를 근본적으로 변화시킬 조짐을 보이고 있습니다. 국제무역의 주요 플레이어들은 세계의 제조공장이었던 중국이 멈춰 서면서 공급사슬과 분업체계가 붕괴되는 것을 목격했습니다. 국경 봉쇄를 경험하면서 본국에 생산시설을 두는 것이 더 안전하다고 느끼게 되었고요. 이에 따라 해외에 나갔던 제조업 기반의 기업들이 본국으로 회귀하는 리쇼어링reshoring이 늘고 있습니다.

코로나19로 갑자기 이렇게 된 건 아닙니다. 2015년부터 미국을 비롯한 선진국들이 이미 다양한 정책을 통해 기업들의 리쇼어링를 유도하고 있었고, 우리나라 역시 2013년부터 '유턴기업 지원제도'를 통해 국내 복귀 기업을 지원하고 있습니다. 신규 고용 창출과 경제 활성화가 주요 목적입니다. 다만 코로나19 팬데믹이라는 초유의 사태를 맞아 세계 각국에서 리쇼어링이 가속화되는 추세입니다. 미국과 일본은 코로나19를 계기로 국내 이전 비용의 100퍼센트를 정부가 지원하는 등 강력한 리쇼어링 정책을 시행하고 있습니다.

코로나19 팬데믹은 기업들의 ESG 경영을 더욱 확산하는 계기가 되고 있습니다. ESG란 기업의 재무적 성과에만 관심을 갖던 전통 방식에서 벗어나 환경보전과 사회책임, 투명한 지배구조와 같은 비재무적 관점을 중요시하는 경영 방식을 의미합니다. 2020년 12월 기준 전 세계 284개 기업이 참여하고 있는 'RE100Renewable Energy 100%' 프로젝트가 대표적입니다. RE100은 기업이 자체적으로 사용하는 전력의 100퍼센트를 재생에너

홍종호

지 발전으로 충당하는 것은 물론, 중간재 공급업체에 대해서도 100퍼센트 재생에너지 사용을 요구합니다.

애플의 경우에는 이미 사무실, 데이터센터 등 자사 운영 영역을 100퍼센트 재생에너지로 가동하고 있다고 발표했고, 부품 조달부터 서비스 제공에 이르는 가치사슬 전체에서 '2030년 탄소중립'을 달성하겠다는 대담한 목표를 내놓았습니다. 이것이 의미하는 바는 애플에 반도체를 수출하는 한국 기업 역시 RE100을 이행하지 않으면 더 이상 수출을 할 수 없다는 것입니다. 폭스바겐Volkswagen이나 BMW 역시 한국 전기차 배터리 업체에 100퍼센트 재생에너지 전력으로 만든 배터리가 아니면 수입을 하지 않겠다고 압박을 가하고 있습니다. 앞으로 탄소 저감 노력에 동참하지 않는 기업은 글로벌 시장에서 설 곳을 잃을 수 있습니다. 세계 각 기업이 RE100에 참여하는 이유가 '환경' 때문만은 아닙니다. 재생에너지 발전단가가 낮아지면서 탈탄소 경영이 오히려 비용을 절감하는 효과가 있기 때문입니다. 앞으로 더 많은 기업들이 RE100에 참여할 것으로 보입니다.

RE100 참여 기업의 수와 규모가 커질수록 재생에너지로의 전환은 더 이상 선택이 아닌 생존을 위한 필수 조건이 될 것입니다. 기업이 제품과 서비스를 생산하고 공급하는 과정에서 '재생에너지'를 사용했는지 여부가 기업 경쟁력을 좌우하는 요인이 될 것이라는 의미입니다. 이제 한국 기업들도 경쟁력 확보를 위해 RE100 선언에 적극적으로 동참해야 합니다. 이것이 가능하려면 국가 차원에서 탈탄소 경제 인프라를 확충하는 것이 급선무입니다. 국내로 회귀하려는 기업들에게도 재생에너지 발전 설비 확충과 재생에너지 시장 확대가 중요한 유인책이 될 수 있습니다. 태양광과 풍력 등 재생에너지를 기반으로 제품을 생산하는 형태의 RE100 산업단지를 조성하는 것도 하나의 방안입니다. 그린뉴딜의 성공적인 추진이 코로나19 팬데믹으로 휘청거리고 있는 기업과 경제를 살리는 중요한 자양분이 될 수 있는 것입니다.

그린뉴딜은 종합적인 사회경제 발전 전략이다

지금까지 살펴보았듯이, 그린뉴딜은 단순히 환경보전을 위한 정책이 아닙니다. 신성장 산업이자 우리 국민의 삶의 질을 높이기 위한 종합적인 사회경제 발전 전략입니다. 누가 먼저 기후변화에 발 빠르게 대응하느냐에 따라 글로벌 경제 시장에서 우위를 선점할 힘이 생기는 것이죠.

우리나라는 제조업 비중이 큰 나라이기에 탈탄소 경제로 나아가기 위해서는 매우 높고 가파른 언덕을 넘어야 하는 상황입니다. 그린뉴딜을 추진하는 과정에서 일관성 있고 투명하면 서 예측 가능한 정책 집행이 이루어지지 않으면 민간 기업들로 서는 불확실성이 커질 것입니다. 정부는 불확실성을 제거하기 위해 최선을 다해야 합니다. 재생에너지로의 전환을 통한 그린 시장이 열릴 것이라고 분명하게 보여주어야 합니다. 기업은 탈 탄소 경제가 번거롭고 돈이 안 된다는 고정관념을 바꿔야 합 니다. 탈탄소화가 지금 당장은 부담이 되겠지만 장기적으로는 이를 경쟁력의 수단으로 삼아 세계 시장에서 앞서갈 수 있다 는 혁신 마인드를 가져야 합니다.

2007년 2월 15일 미국 예일대학교 캠퍼스에 이름만 들으면 알 만한 경제학계의 대가들이 한데 모였습니다. 2006년 10월 출간 직후 세계적인 논란을 불러일으킨 〈기후변화 경제학에 관한 스턴 연구보고서Stern Review Report on the Economics of Climate Change〉를 주제로 토론회가 개최된 것이었죠. 당시 보고서 내 용은 경제학계는 물론 과학계와 정치권을 비롯한 국제사회에 적잖은 충격과 도전을 안겨주었습니다. 보고서는 "현재 진행되 고 있는 기후변화와 지구온난화는 21세기 후반에 이르러 과거 세계대전이나 대공황과 같은 지구적 재앙을 가져올 위험이 있 다. 지금 당장 이를 막기 위한 노력을 하지 않는다면 돌이키지 못할 최악의 상황으로 갈 수도 있다"고 경고하면서, "전 세계가 힘을 합쳐 기후변화 완화mitigation, 혁신innovation, 적응adaptation

을 위해 노력한다면 지구온난화로 인한 최악의 시나리오를 막을 수 있는 시간은 아직 남아 있다"고 주장했습니다.

그로부터 13년이 흘렀습니다. 아직까지 우리에게 그 최악의 시나리오를 막을 수 있는 시간이 남아 있는 걸까요? 남아 있다면 얼마나 남아 있을까요? 우리가 맞닥뜨린 위기는 불편하지만 분명한 사실이고 진실입니다. 진정한 그린뉴딜을 위해서는 우리부터 바뀌어야 합니다. 우리의 생각과 행동이 달라져야 합니다. 인식의 대전환이 필요합니다. 그래야 경제 위기와 기후 위기라는 초유의 복합 위기를 그린뉴딜 전략을 통해 극복해나갈 수 있습니다.

6장

탈세계화의 가속

| 김준형 |

달라진 국제질서,
한반도 평화를 위한 과제는
무엇인가

김준형

한동대학교 국제어문학부 국제정치학 교수이자 국립외교원장. 연세대학교 정치외교학과를 졸업하고 미국 조지워싱턴대학교에서 정치학 석사, 박사 학위를 받았다. 국내 주요 신문에 칼럼을 쓰고 있으며, TV와 라디오 방송을 통해 국제정치를 해설한다. '대통령 직속 정책기획위원회' 외교·안보분과 위원과 청와대 국가안보실, 외교부, 통일부 자문위원 등을 지냈으며, 민간 싱크탱크 한반도평화포럼(사) 외교연구센터장을 역임했다. 미국 풀브라이트 교환교수로 조지메이슨대학에서 강의했다. 저서로 《코로나19×미국 대선, 그 이후의 세계》, 《미국이 세계 최강이 아니라면》, 《폭력: 이것도 폭력이야?》, 《전쟁하는 인간》, 《내 한 표에 세상이 바뀐다고?》, 《국가야, 왜 얼굴이 두 개야?》, 《좋은 정치란 어떤 것일까요?》 등이 있다.

코로나19는 냉전 종식 이후 거침없던 세계화에 급제동을 걸었습니다. 미국 주도의 국제질서가 흔들리면서 세계는 자국의 이익을 우선하는 방향으로 재편되고 있습니다. 더욱이 미국과 중국의 패권 전쟁으로 혼란 상태가 지속되는 뉴노멀의 시대가 도래했습니다. 한반도는 전략적 경쟁의 희생양이 되지 않으면서 '한반도 평화프로세스'를 모색해야 하는 어려운 상황에 직면해 있습니다.

탈세계화와 국제질서의 지각변동

세계는 각종 위기를 맞이할 때마다 '대전환'을 이야기했습니다. 무엇이 어떻게 바뀌게 될지 예측하면서 새로운 각오를 다지곤 했지요. 그런데 코로나19 대유행 사태는 지금까지 인류가 경험한 그 어떤 재난도 훌쩍 뛰어넘는 사상 초유의 위기 상황을 불러왔습니다. 우리는 한 번도 경험해본 적 없는 미증유의 사태를 맞이해 거대한 불확실성을 마주하고 있습니다. 코로나19 이후 인류는 과연 어떤 세상을 마주하게 될까요? 분명한 것은 코로나19 대유행이 어느 정도 사그라진 이후에도 국제질서의 지각변동은 계속되리란 겁니다. 우리가 목격하고 있는 국제질서의 변화는 코로나19로 인해 갑자기 찾아온 것이 아니기 때문이죠. 코로나19는 그저 변화 추세를 가속하고 증폭하는 '촉매제' 역할을 했을 뿐입니다.

2000년대에 접어들면서 이미 국제질서는 전환의 시대에 들어섰습니다. '자유주의 국제질서liberal international order'가 뿌리

김준형

부터 흔들리고 있습니다. 자유주의가 국제질서로 자리 잡은 것은 2차 세계대전 직후인데, 실상은 미국 패권이 이끌어온 질서이기도 하지요. 자유주의 국제질서는 세 가지 중요한 요소를 포함하고 있습니다. 첫 번째가 민주주의이고, 두 번째는 시장자본주의와 자유무역입니다. 그리고 세 번째가 팍스아메리카나Pax Americana입니다. 팍스아메리카나는 미국의 압도적 패권에 의해 세계의 평화 질서가 유지되는 상황을 함축적으로 표현하는 용어입니다. 민주주의, 자유무역, 미국 패권에 의한 평화 질서는 완전하지는 않았지만, 대부분 국가에서 인류의 번영을 위한 바람직한 질서로 합의하고 수용했던 것이기도 합니다.

공산주의가 무너진 직후인 1990년대에 자유주의 질서가 전성기를 맞이했는데, 이를 우리는 '세계화 또는 지구화globaliza-tion'라고 불렀습니다. 세계화는 국경이 열리고 각국이 협력하면서 시장자본주의를 중심으로 전 세계가 하나로 통합되는 것을 의미했습니다. 그런데 세계화는 전성기를 지나 이미 20여 년 전부터 조금씩 무너지고 있었습니다. 코로나19로 국경이 봉쇄되고 미국과 중국이 자국 보호주의로 돌아서면서 탈세계화가 가속화한 것은 맞지만, 사실 그 이전부터 뚜렷한 변화들이 나타나고 있었던 겁니다.

탈세계화의 전조를 보여주는 현상으로는 네 가지를 들 수 있습니다. 첫째는 2001년 미국에서 일어난 '9·11 테러' 사건입니다. 이 사건은 1991년 소련이 붕괴하면서 막강한 패권을 유지하던 미국이 안방에서 공격을 받은 것이나 마찬가지였습니다. 9·11 테러 사건으로 미국의 패권이 치명타를 입은 것은 아니지만, 미국인들은 엄청난 충격과 함께 국가 안보에 대한 인식에 큰 영향을 받았습니다. 냉전 붕괴 직후부터 강력한 적대국가가 사라짐으로써 평화가 도래했기에 군비 확장을 중지하고, 최소한의 방어적 국방정책을 해야 한다는 요구들이 커졌습니다. 그런데 9·11 테러 사건은 이런 논란을 일시에 잠재웠으며, 미국 패권적 리더십에 의한 평화는 흔들렸습니다.

둘째는 2008년 '금융위기'입니다. 이는 시장 자본주의 전성기에 맞이한 가장 큰 충격파였습니다. 소련 붕괴 이후 미국과 세계는 자유무역과 자본주의의 전성기를 구가했지만, 한편으론 자본주의의 치명적인 약점도 함께 심화하였습니다. 노벨경제학상을 수상한 프랑스의 경제학자 모리스 알레Maurice Allais가 지적한 '카지노 자본주의' 성격이 더욱 커지고 두드러지면서 파생금융까지 출현했고, 대박의 신화를 내달리던 세계 경제가 근본적인 모순을 드러낸 것입니다. 월가에서 출발한 금융위기는 전 세계를 뒤흔들었습니다. 탈금융과 보호무역주의 흐름이 빨라지면서 이전의 세계화 물결에도 일대 전환점을 만들게 되었지요. 게다가 자본주의 발전의 이면에 도사리고 있던 빈부격차와 양극화까지 극심해졌습니다.

김준형

셋째와 넷째는 2016년에 일어난 두 가지 사건입니다. 하나는 영국이 유럽연합을 탈퇴한 '브렉시트Brexit'이고, 다른 하나는 미국 도널드 트럼프 대통령의 당선입니다. 세계화를 선도하던 두 국가가 그 물결을 역전시키는 사건들이었지요. 국가협력을 넘어 국가통합에 이르는, 즉 세계화의 상징으로 여겨졌던 유럽연합에 균열이 생겼고, 자유주의 국제질서를 태동시키고 유지해온 미국이 이를 부정하는 행보를 보였습니다.

트럼프 대통령은 '미국 우선주의'를 내세우며 더 이상 '세계경찰'의 역할을 하지 않겠다고 선언했습니다. 미국의 이익과 세계의 이익은 같지 않으며, 따라서 미국은 세계의 이익을 훼손하더라도 자국의 이익을 먼저 챙기겠다고 선언한 것이지요. 미국이 자국의 이익을 우선하는 민족주의로 돌아서면 다른 국가들 역시 각자도생의 길로 들어설 수밖에 없습니다.

그러면 자유주의와 세계화 질서를 떠받치고 있는 세 가지 축인 민주주의, 시장자본주의, 팍스아메리카나가 어떻게 파괴되고 있는지, 그 결과 자유주의 국제질서가 어떻게 개편되고 있는지 좀 더 구체적으로 살펴보겠습니다.

자유주의 국제질서는 어떻게 개편되고 있는가

사회주의 독재정권들이 붕괴하면서 전 세계는 민주주의를 하나의 공통 질서로 생각했습니다. '아랍의 봄'을 기억하실 겁니다. 2010년 중동과 남아프리카 국가들에서 일어났던 시민혁명으로 권위주의 정권들이 속속 무너지면서 아랍권 전체에 민주주의가 뿌리를 내릴 것이란 기대가 커졌습니다. 하지만 10년이 지난 지금의 상황은 기대와 전혀 다릅니다. 아랍권을 비롯해 세계 각국에 오히려 독재에 가까운 권위주의적 지도자들이 더 많이 나타난 것입니다.

2013년 집권을 시작한 중국의 시진핑習近平 국가주석, 2012년 재집권에 성공한 러시아의 블라디미르 푸틴Vladimir Putin 대통령, 이어서 2014년에 선출된 이집트의 압델 파타 엘시시Abdul Fatah al-Sisi 대통령과 터키의 레젭 타입 에르도안Recep Tayyip Erdogan 대통령, 그리고 2016년에 권력을 잡은 필리핀의 로드리고 두테르테Rodrigo Duterte 대통령 등이 모두 극우적인 '강성지도자strongman'에 해당한다고 할 수 있습니다.

예전에는 아시아, 아프리카, 남미 등 이른바 제3세계 개발도상국가에서 주로 찾아볼 수 있었던 권위주의적 정권이 지금은 전 세계로 확대되고 있습니다. 더구나 이들 정권의 지도자들은 모두 '민주주의의 꽃'으로 불리는 선거라는 절차를 통해 선출된 사람들입니다. 선거에서 당선된 이후 의회나 시민사회를 무시하는 권위주의적 행태를 강화하는 것입니다. 이를 두고 학자들은 절차적 민주주의는 확대됐지만, 실질적 민주주의는 후퇴됐다고 이야기합니다.

민주주의가 후퇴하게 된 가장 커다란 원인으로 전문가들은 '불평등'의 심화를 꼽습니다. 시장자본주의에 의한 자유무역으로 전 세계의 부富가 크게 확대되었지만, '빈부격차'라는 그늘을 피해갈 수는 없었습니다. 세계적인 경제학자인 토마 피케티 Thomas Piketty는 《21세기 자본Capital in the Twenty-First Century》에서 "근로소득이 늘어나는 속도보다 자본소득이 늘어나는 속도가 훨씬 빠르기 때문에 빈부격차가 커질 수밖에 없다"고 지적했습니다. 현재의 자본주의 구조에서는 이미 가지고 있는 자산으로 자산을 늘려가는 자본수익률이 열심히 일해서 벌어들이는 근로소득의 증가율을 훨씬 앞지르기 때문에 경제적 불평등은 더욱 심화할 수밖에 없다는 것입니다.

2018년에 동국대학교 경제학과 김낙년 교수가 낙성대경제연구소 주최로 열린 심포지엄에서 발표한 '한국의 소득집중도'에 관한 논문 내용도 이러한 사실을 뒷받침해주고 있습니다. 다음 그림은 상위 10퍼센트 소득층에 소득이 얼마나 집중되는지를 보여주고 있는데요, 소득은 전체소득과 근로소득으로 나뉘어 있습니다. 전체소득은 금융자산에서 나오는 이자 및 배당

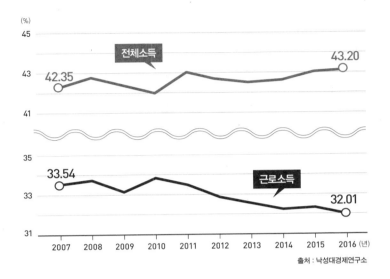

(%)

전체소득

42.35

43.20

근로소득

33.54

32.01

2007 2008 2009 2010 2011 2012 2013 2014 2015 2016 (년)

출처 : 낙성대경제연구소

상위 10% 소득층의 소득집중도 (2007~2016년)

금, 부동산 임대료, 영업이익 등 비근로소득과 근로소득을 합친 것입니다. 그래프를 보면 지난 10여 년간 상위 10퍼센트 소득층에서 근로소득이 소득집중도에 미치는 영향, 즉 소득격차는 점점 줄어든 반면, 비근로소득으로 인한 소득격차는 더욱 커졌다는 점을 알 수 있습니다. 세간에 자조적으로 회자하는 표현처럼 "조물주 위에 건물주가 있다"는 말이 이해가 되는 상황입니다.

자유무역은 개인 간의 불평등은 물론 국가 간의 불평등도

김준형

초래했습니다. 그러면서 세계 각국은 문을 닫아걸고 보호무역 주의로 돌아섰습니다. 미국과 중국의 무역 분쟁도 자유무역의 퇴조에 기름을 붓는 역할을 했습니다. 자유주의 국제질서가 흔들리게 된 가장 결정적인 이유는 '팍스아메리카나'의 몰락에서 찾을 수 있습니다. '팍스'는 라틴어로 '피스peace', 즉 평화를 의미합니다. 결국 팍스아메리카나는 "국제정치에서 한 나라가 압도적 패권을 가졌을 때 평화와 안정을 가져온다"라는 이론 위에 서 있었습니다. 1~2세기에는 로마제국이 '팍스로마나' 시대를 이끌었고, 19세기에는 영국이 '팍스브리테니카' 시대를 이끌었지요.

실제로 미국이 압도적인 패권을 장악했을 때 냉전 종식과 함께 전 세계는 안정을 되찾을 수 있었습니다. 그런데 지금은 중국이 이끄는 '팍스시니카' 시대를 예견하는 목소리들이 나오고 있습니다. 미국과 중국이 미래에 다시 안정된 패권 질서를 만들지는 알 수 없지만, 현재 양국의 힘겨루기와 갈등은 국제정치의 불안정을 초래하고 있습니다. 중국이 부상하면서 미국의 패권을 흔들고 있고, 다시 자유주의 국제질서가 도전받고 있는 것입니다.

코로나19 시대의 뉴노멀과 탈진실

　이렇게 자유주의 국제질서가 도전받고 있는 상황에서 2019년 코로나19가 등장합니다. 코로나19 대유행 사태는 국제정치측면에서 매우 남다른 의미를 지닙니다. 세계화는 국가와 국가를 '연결'하는 일종의 인프라이고, 이 인프라의 연결은 코로나19가 전 세계적인 대유행으로 번지도록 하는 '고속도로'의 역할을 했습니다. 세계 각국은 이 고속도로부터 봉쇄해야 했습니다. 당위적으로는 전 세계가 협력해서 팬데믹을 극복해야 하지만, 각국의 반응은 정반대로 문을 닫아거는 것이었습니다. 외국인의 입국과 자국민의 출국을 모두 금지하거나 제한했습니다. 국경을 넘나들며 이루어지던 교류와 비즈니스 역시 중단사태를 맞았습니다. 세계화의 역전 현상이 일어난 겁니다.

　20세기 인류 사회를 규정해온 자유주의 국제질서 체제는 이미 흔들리고 있었습니다. 코로나19는 앞에서 설명한 전조 현상이 더욱 큰 위기로 드러나게 했을 뿐입니다. 말하자면, 국제질서의 위기 상황이 더욱 빠르게 전개되도록 하는 '가속페달' 역할을 한 거죠.

　코로나19 이후 '뉴노멀new normal'이라는 단어를 많이 들어보았을 겁니다. 뉴노멀은 기존의 질서가 무너지면서 새로운 질서를 모색해야 하는 시점에 등장합니다. 아직 새로운 질서가 명

　　　　　　　　　　　　　　　　　　　　김준형

확하게 확립되기 이전이므로 뉴노멀의 시대에는 불안정성, 불평등성, 불확실성 등의 비정상적 현상이 지속되죠. 지금 상황은 어떻습니까. 코로나19로 인한 위기들이 종식된다 해도 이전의 상황으로 되돌아갈 수 없다는 것은 확실합니다. 코로나19 이후의 변화를 전망하고 예측하는 것도 어렵지요. 백신 접종이 시작되었지만, 그 효과가 제대로 나타나서 위기가 종식되는 시점이 언제가 될지 어느 누구도 함부로 장담하지 못하고 있습니다. 우리가 언제쯤 마스크 없는 생활을 하게 될지, 언제쯤 세계 무역이 정상화되고 경제가 안정될지 알 수 없습니다. 심지어는 또 다른 감염병이 창궐할지도 모른다는 비관론도 만만치 않습니다.

국제질서의 향방에 대해서도 불투명한 전망들이 가득합니다. 팬데믹을 극복하기 위해서는 세계 각국의 국제적 협력이 반드시 필요한 상황이지만, 다른 쪽에서는 세계화로 인한 양극화에 반기를 든 우익 포퓰리즘 세력 중심으로 '반세계화' 움직임이 더욱 거세지고 있습니다. 미국과 중국의 패권 전쟁도 어정쩡한 상황에 놓여 있습니다. 팍스아메리카나에 균열이 생기고 있지만, 그렇다고 중국이 확실히 패권을 장악한 것도 아닙니다. 이러한 혼란과 혼재, 불투명성은 앞으로도 장기간 지속될 수 있습니다. 국제질서가 코로나19로 인해 본격적인 '뉴노멀' 상황으로 진입한 것입니다.

뉴노멀과 연관 지어 또 한 가지 특기할 만한 사항이 있습니다. 영국 옥스퍼드대학교의 '옥스퍼드사전위원회'는 매년 '올해의 키워드'를 뽑는데, 2016년의 키워드가 바로 '탈진실post trust'이었습니다. 탈진실이라는 키워드가 가리키고 있는 것은 객관적 진실보다 선동적인 주장이 우세하고, 가짜 뉴스인 페이크fake가 진짜 뉴스인 팩트fact를 압도하는 세상이었습니다. 모든 것이 불확실한 뉴노멀의 시대에는 진실보다는 주장이, 사실보다는 의견이 난무할 가능성이 커집니다. 또한 절망과 분노를 촉발하는 선동 정치가 횡행할 수 있습니다. 특히 어떤 정치가들은 이런 상황을 적극적으로 이용하려 들 것입니다. 도널드 트럼프 대통령이 2016년 선거 유세에서 감정적이고 부정적인 선동을 주요 전략으로 삼았던 것처럼 말입니다. 그는 2020년 대선에서도 음모이론을 최대한 활용했습니다.

미·중 전략적 경쟁 속에서 한반도의 운명은?

국제정치의 급격한 변화와 격동 속에서 한반도의 운명은 앞으로 어떻게 될까요?

한반도 정세와 가장 밀접한 관련이 있는 것은 사실 미국과 중국의 전략적 경쟁, 또는 갈등입니다. 여기서 전략이라고 말

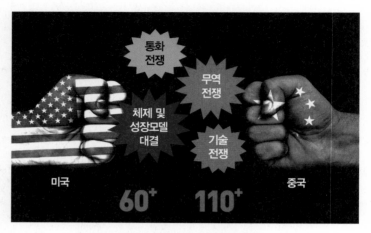

미국과 중국의 전략 경쟁 : 신냉전 vs. 탈동조화

하는 것은 그것이 판도를 바꿀 수 있기 때문입니다. 한반도의 운명은 미국과 중국의 관계가 어떻게 되느냐에 지대한 영향을 받을 수밖에 없습니다. 미국과 중국은 아시다시피 전 세계를 두고 통화, 무역, 체제, 기술의 영역에서 치열한 전쟁을 벌이고 있습니다. 위 그림에 있는 '60+'이라는 숫자는 미국과 동맹 또는 동맹에 준하는 관계를 가진 국가의 수를 가리킵니다. '110+'은 중국을 무역대상국 1위로 하고 있는 국가의 숫자입니다. 사실상 우리나라뿐만 아니라 전 세계가 미국과 중국의 전략 사이에 끼어 있다고 볼 수 있겠습니다.

네 가지 영역에서 볼 때 전 세계를 두고 벌이는 전략 경쟁에서 아직은 중국이 미국과 대등하게 맞설 능력은 부족합니다.

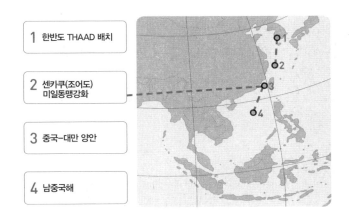

미국과 중국이 충돌하는 아시아의 지정학적 발화점

하지만 앞마당이나 다름없는 아시아를 두고 벌이는 지정학적 각축은 조금 다른 양상을 보입니다. 보다 구체적으로 아시아에는 미국과 중국이 충동할 수 있는 지점, 소위 '지정학적 발화점'이 네 곳으로 나누어져 있습니다. 한반도, 동중국해, 중국-대만 양안, 그리고 남중국해입니다. 여기에 줄을 딱 그어보면 이게 바로 실질적으로 미국과 중국이 부딪히는 그 지점입니다. 중국은 이 지점을 뚫고 나가려 하고 미국은 이 지점을 통해서 중국을 포위하는 양상입니다.

그중에서도 가장 심각한 건 바로 한반도겠죠. 다른 곳에서도 충돌이 일어날 수 있지만, 그 충돌의 의미나 후유증에 있어서 가장 큰 것은 한반도입니다. 또 다른 이유는 한반도가 아직

김준형

냉전을 청산하지 못했기 때문입니다. 불행하게도 한반도는 여전히 남과 북이 나뉜 분단국가입니다.

냉전 당시의 군사적 동맹 관계와 비교해서 많이 약화하기는 했지만, 북한과 중국, 러시아는 여전히 협력적 관계를 맺고 있습니다. 특히 북·중 관계는 여러 가지 굴곡 속에서도 탄탄하게 유지되고 있습니다. 그리고 한국과 미국, 일본 역시 협력적 관계를 유지하고 있습니다. 미국과 중국이 섣불리 전쟁을 일으킬 수 없는 이유는 그렇게 되면 전 세계가 멸망의 길로 들어서게 될 것이 자명하기 때문입니다. 이런 상황에서 미국과 중국이 서로 견제하고 위협적인 신호를 보낼 수 있는 가장 효과적인 지점이 바로 한반도입니다.

미국과 중국의 갈등이 심화할수록 전략 경쟁의 먹잇감으로 더욱 위협받는 것은 한반도가 될 것입니다. 특히 우리나라는 경제적으로는 중국에 의존하고 있고, 군사적으로는 미국과 동맹하고 있는 상황입니다. 미국과 중국 중 어느 한쪽을 확실하게 선택하면 좋겠지만, 그것은 거의 불가능합니다. 분단국가로서 군사동맹을 포기하기도 어렵지만, 중국에 대한 무역의존도 25퍼센트를 포기하는 것 역시 치명적인 결과를 낳을 것입니다. '한·미 관계를 근간으로 하되 한·중 관계를 훼손하지 않는다'라는 원칙대로 가능한 유지하는 것이 가장 중요합니다.

한반도 평화를 위한 과제

우리나라를 둘러싼 주요국은 미국, 중국, 일본, 러시아 그리고 북한입니다. 현재와 같은 뉴노멀 상황에서는 대부분 국가에서 내부 문제를 풀기보다는 그 원인을 외부 탓으로 돌리려고 하는 경향이 강해집니다. 미국과 중국이 코로나19 위기를 두고 서로의 탓이라고 우기며 '블레임 게임blame game'을 하는 것처럼 말입니다. 두 국가의 혐오 분위기는 다른 국가들에도 큰 영향을 미칩니다. 혐미, 혐중, 혐한, 혐일 등이 계속 일어나는 이유입니다.

만일 우리나라가 이 구조에 적극적으로 가담하면 어떻게 될까요? 아마도 다시 냉전 시대로 돌아가 과거처럼 희생양이 되거나, 최소한 한반도의 평화는 기대하기 어렵게 되겠지요. 어떤 정치가들은 권력을 위해 이런 상황을 이용하고 싶겠지만, 우리 민족의 이익을 지키고 그들의 먹잇감이 되지 않으려면 한반도 평화를 적극적으로 지켜야만 합니다. 이것이 코로나19 팬데믹을 지나 포스트 코로나 시대로 가는 지금 우리나라에 주어진 기회이자 숙제입니다.

우리나라는 늘 외교적으로 많은 도전을 받아왔지만, 그중에서도 현시점은 미국, 중국, 일본, 러시아, 북한으로부터 한꺼번에 도전받고 있습니다. 이를 "다섯 개의 헬게이트가 동시다발

김준형

로 열렸다"고 표현하기도 합니다. 이런 어려운 외교환경에서 무엇보다 북한과 긴장 상황으로 치닫는 것은 막아야 합니다. 한반도 평화가 흔들리는 순간 한·미·일과 북·중·러의 대결 구도는 더욱 부각될 것이며, 이는 민족주의를 강조하는 안보 포퓰리즘의 득세를 낳을 것입니다. 더 나아가서는 한반도가 미국과 중국의 전략적 경쟁에 희생양이 될 가능성이 커집니다.

자국우월주의와 각자도생을 추구했던 트럼프 대통령이 재선에 실패하고, 민주당의 조 바이든Joe Biden 행정부가 출범하게 된 것은 미국을 위해서도 세계를 위해서도 매우 다행한 일입니다. 미국이 트럼피즘trumpism을 폐기하고 세계 리더십을 회복함으로써 자유주의 국제질서의 기본인 '다자주의multilateralism'로 돌아간다고 약속했기 때문입니다. 그러나 여전히 미국인의 절반이 트럼프식 행보를 지지했다는 점과 그리고 미국이 이미 과거와 많이 달라져 있다는 점을 고려할 때 바이든 대통령의 약속이 그대로 실현될지는 미지수입니다.

그래서 미국과 중국의 패권 갈등, 코로나19 위기로 인한 압박에서 벗어나 살아남기 위해서 가장 중요한 것은 '한반도 평화프로세스'입니다. 코로나19의 습격 이전부터 한국형 성장모델은 세계의 관심과 호평을 받아왔습니다. 게다가 코로나19 초기 대응에 성공한 'K-방역' 시스템 역시 세계의 찬사를 받았습니다. 한국은 민주주의 사회의 투명성, 개방성, 민주성을 유지하면서도 국가의 공공성을 적극적으로 발휘해 방역에 성공하고, 경제적 피해를 최소화함으로써 국제사회에서의 위상이 높아졌음을 실감하고 있습니다.

그러나 우리나라 최대의 아킬레스건은 역시 남북분단입니다. 또한 한반도가 미·중 갈등의 최전선이자 배타적 민족주의가 확산하는 중심에 있다는 점 역시 난제입니다. 남북 관계 진전을 통해 패권 갈등 체제를 완충하고, 나름의 외교적 주도권을 확보해가지 않으면 평화는 도달할 수 없는 신기루가 될 겁니다. 미·중 갈등은 구조적 문제이기 때문에 바이든 정부에서도 그 갈등은 지속할 수밖에 없습니다.

이런 상황에서 우리의 대응 카드는 결국 한반도 평화프로세스의 적극적인 모색일 수밖에 없습니다. 두 초강대국의 대치와 갈등을 막을 수 있는 능력은 없을지도 모릅니다. 하지만 미·중 격돌의 최전선으로서 한반도가 지닌 '상대를 다루는 지렛대로서의 이용가치'를 떨어뜨릴 수는 있는데, 그것이 바로 남북의 평화 공존을 이루어내는 길일 것입니다.

김준형

7장

비대면의 역전

| 김용섭 |

우리는 세계와
어떻게 연결될 것인가

김용섭

트렌드 분석가이자 경영전략 컨설턴트, 비즈니스 창의력 연구자이다. 날카로운 상상력연구소 소장으로 활동하며 Trend insight & Business Creativity 분야를 연구하고 있다. 삼성전자, 현대자동차, LG, GS, CJ, SK, 한화, 롯데 등 주요 대기업과 기획재정부, 국토교통부, 외교부 등 정부 기관에서 2,000회 이상의 강연과 비즈니스 워크숍, 150여 건의 컨설팅 프로젝트를 수행했다. 주요 방송 매체를 통해 사회, 문화, 경제 전반을 아우르는 트렌드 흐름을 분석하고 다수 기업의 자문을 맡고 있다. 한겨레신문의 칼럼니스트이다. 2012년부터는 매년 '라이프 트렌드' 시리즈를 출간하며 한국 사회의 트렌드 이슈를 전망하고 방향을 제시하고 있다. 저서로 《프로페셔널 스튜던트》, 《라이프 트렌드 2021: Fight or Flight》, 《언컨택트》, 《펭수의 시대》, 《요즘 애들, 요즘 어른들: 대한민국 세대분석 보고서》, 《실력보다 안목이다》 등이 있다. 공저로 《집요한 상상》, 《디자인 파워》, 《소비자가 진화한다》 등이 있다.

언컨택트. 연결을 부정하는 것이 아니라 물리적 접촉에 대한 부정입니다. 연결될 타인을 좀 더 세심하게 선별하겠다는 결정입니다. 언컨택트는 기술적 진화의 산물로 이미 예고된 미래였습니다. 변화는 시작되었고, 다시 돌이킬 수 없습니다. 지금 우리가 해야 할 가장 중요한 일은 이 흐름을 받아들이고 대비하는 겁니다.

언컨택트는 연결의 방식을 바꾸는 것

지금 우린 '언컨택트$_{uncontact}$'의 시대를 살아가고 있습니다. 언컨택트는 '접촉'을 의미하는 'contact' 앞에 부정을 의미하는 'un'이 붙어 만들어진 신조어입니다. 줄여서 '언택트'라고도 합니다. 사전에 있는 '넌컨택트$_{noncontact}$' 대신 신조어를 사용하는 건 '단절'이란 의미보단 '접촉'의 방식이 달라졌다는 의미가 커서입니다. 연결을 부정하는 것이 아니라 물리적 접촉에 대한 부정입니다. 우린 미래에도 타인과 계속 연결되고 사회적 동물로 살아갈 테지만, 연결과 접촉의 방식에선 비대면이 더욱 확대되고 있습니다. 의미가 바뀌면 말도 바뀌어야 혼동이 줄어들고, 한편으론 과거의 의미로는 지금 시대의 진화 코드이자 미래를 담아내기 어렵기도 합니다.

언컨택트는 기술적 진화의 산물입니다. 그리고 진화는 결국 우리의 욕망에 부합해서 받아들인 것이기도 합니다. 타인과의 단절이 인간의 욕망이라는 것이 아니라, 더 효율적이고 합리적

김용섭

인 방식의 연결이 우리의 욕망이자 본능이라는 겁니다. 언컨택트 시대에 우리는 인공지능, 사물인터넷, 가상현실VR 등 첨단 기술을 이용한 더 많은 다양한 '연결'을 경험하고 있습니다. 그리고 다양해진 연결방식은 우리의 일상과 사회 곳곳에 광범위하고 심오한 영향을 미치고 있지요.

언컨택트, 즉 '비대면'을 생각하면 가장 먼저 무엇이 떠오르나요? 밤에 주문하고 새벽에 받아보는 장바구니일까요? 예전엔 택배기사가 벨을 누르면 문을 열어주고 잘 받았다고 사인도 하고 그랬지만, 코로나19 이후론 택배기사 얼굴 볼 일도 없어졌죠. 세탁물 들고 다니는 일도 없어졌어요. 수거와 배달이 모두 스마트폰에서 이루어집니다. 타이어 가는 방식도 바뀌었어요. 직접 차를 운전해서 수리센터에 갈 필요도 없고 타이어를 가는 동안 기다리지 않아도 됩니다. 주차장에 차를 주차해놓고 다른 볼일을 보고 있으면 수리업체 담당자가 와서 타이어를 갈아줍니다. 신청도 결제도 온라인으로 이루어집니다. 그런데 이런 비대면 방식이 코로나19 팬데믹으로 갑자기 시작되었냐 하면 그렇지 않다는 겁니다. 언컨택트 시대는 이미 예고된 미래였습니다. 코로나19가 그 미래를 좀 더 빠른 속도로 우리 앞에 펼쳐 보인 것뿐이죠.

사실상 '비대면'은 새삼스러운 것이 아닙니다. 지금 우리는 코로나19로 인해 어쩔 수 없이 비대면을 강요당하고 있는 것이 아니라 편리성과 효율성을 위해 비대면을 선택하고 있습니다. 온라인 쇼핑을 예로 들어볼까요. 가령 예전에는 신발을 직접 신어보고 사야 한다는 사람이 많았어요. 온라인에서 사진만 보고 샀다가 잘 맞지 않으면 어쩌나 하는 걱정이 있었죠. 그런데 얼마 전부터 증강현실AR 기술 덕분에 이런 문제가 해결됐습니다. 스마트폰에서 사고 싶은 신발을 고른 다음 입체적으로 측정해서 만든 내 발의 이미지에 갖다 대면 마치 그 신발을 신은 것처럼 보이도록 해주는 겁니다. 언제든 자기가 편리한 시간과 장소에서 손쉽게 신발을 골라 쇼핑하는 것, 특히 밀레니얼 세대는 코로나19 팬데믹 이전에도 이미 일상처럼 하던 일입니다. 원하는 신발을 사기 위해 먼 곳에 있는 매장까지 일일이 찾아가지 않아도 되니 얼마나 편리해졌습니까.

재택근무가 늘어나면서 많이 하게 된 화상회의는 또 어떤가요. 처음에는 모니터에 보이는 상대방을 보면서 이야기하는 걸 낯설어하고 어색해하는 사람이 많았습니다. 상대방의 눈빛이나 표정이 잘 보이지 않아 충분한 소통이 되지 않는다고 느끼는 사람도 있었습니다. 그런데 가상현실 기술 덕분에 이런 문제도 해결이 됐습니다. VR 고글을 쓰면 가상현실 공간이긴 하지만 상대방과 직접 마주 보며 눈을 마주치는 느낌을 받을 수 있고 표정에 나타나는 미묘한 뉘앙스까지 읽어낼 수 있습니다. 심지어 바로 옆에 있는 것처럼 실제와 같은 접촉감도 느낄 수

김용섭

있다고 하네요.

클래식과 대중음악 아티스트의 공연방식도 완전히 바뀌었죠. 공연장까지 가지 않아도 온라인 라이브 스트리밍으로 전 세계 아티스트의 공연을 실시간으로 감상할 수 있습니다. 2020년 6월 BTS가 '방방콘 더 라이브'라는 온라인 스트리밍 공연을 했을 때는 75만 명 이상의 유료 관객이 몰렸고, 티켓 수익으로 257억 원을 벌어들였다고 합니다. 이후 10월에도 온라인 스트리밍 공연을 했는데, 그땐 티켓 수익이 500억 원 이상이었습니다. 전 세계 공연업계는 어쩔 수 없어서가 아니라 '전략적으로' 온라인을 선택하고 있습니다.

공연업계와 더불어 패션업계도 비대면 비즈니스로 전환되고 있습니다. 팬데믹이 선언된 이후에 치러진 상하이패션위크 Shanghai Fashion Week는 '2020년 FW 패션쇼'를 디지털 행사로 진행했습니다. 전자상거래 플랫폼 '티몰Tmall'과 생방송 커머스 '타오바오 라이브Taobao Live'를 통해 150개 브랜드의 컬렉션을 실시간 스트리밍으로 방송했습니다. 첫날 동시접속자 수가 4만 명에 달했고, 패션위크 전체 기간 동안 조회 수는 1,100만 회를 기록했다네요. 더욱 놀라운 점은 스트리밍 방송으로 진행된 패션위크에서 일반 소비자들이 직접 구매한 금액만 약 34억 원에 달했다는 거예요. 이게 뭘 의미할까요. 패션업계가 소비자를 만나는 방식에 커다란 변화가 시작되었다는 겁니다.

즉 소비자가 온라인으로 패션쇼를 보면서 마음에 드는 옷이 있으면 곧바로 주문할 수 있는 새로운 비즈니스 환경이 만들어진 겁니다.

사실 이 방식은 수년 전부터 글로벌 패션업계가 계속 시도한 것인데, 팬데믹을 계기로 더 활성화되고 있습니다. 심지어 구찌Gucci는 패션쇼를 대신해 온라인에서 영화를 선보이기도 했습니다. 사실 런웨이를 걷는 패션쇼를 찍어서 온라인으로 중계하는 방식은 온라인에 최적화된 것이라기보다 오프라인 방식의 연장에 불과하죠. 그래서 그들은 영화를 만들어 유튜브YouTube를 통해 공개했습니다. 스토리에 몰입하며 영화를 보노라면 등장인물이 입은 옷들이 모두 신상품이란 걸 알게 됩니다. 영화를 보고 나면 브랜드 콘셉트도 더 명확히 이해할 수 있게 되죠. 이 또한 비대면의 관점에서 만들어진 새로운 패션쇼의 문법인데, 유튜브 동영상 소비가 많은 시대에 매우 효과적인 패션쇼라 할 수 있습니다.

이처럼 우리는 물리적인 접촉을 하지 않을 뿐 새로운 환경에서 새로운 방식으로 더 많은 접속을 하고 있습니다. 코로나19가 그 변화를 가속화하는 트리거가 되긴 했지만, 사실상 우리의 욕망이 대면에서 비대면으로 진화해온 결과라는 것 역시 부인할 수 없습니다. 지금 우리는 비대면으로 더 많은 사람들과 연결될 수 있고, 삶을 더 즐겁게 만들 수 있고, 더 효율적인 비즈니스를 할 수 있다는 걸 배우고 있습니다.

언컨택트 시대, 변하지 않으면 추락한다

언컨택트는 의식주, 교육, 노동, 소비, 문화, 생태, 종교 등 사회·경제·정치의 모든 영역에서 변화를 추동하고 있습니다. 언컨택트가 거스를 수 없는 추세라는 건 누구도 부인할 수 없을 겁니다. 다만 많은 사람들이 아무런 준비 없이 코로나19로 인해 갑작스레 '비대면' 사회에 직면했기 때문에 두려움을 느끼고 저항하고 있는 것이지요. 그들에게 '비대면'이라는 단어는 무언가 문제가 생겼다는 의미로 해석되곤 합니다. 사회적 동물인 인간이 비대면을 선택한다는 건 비정상적이라는 거죠.

오랫동안 이런 관념에 젖어 있던 사람들에게 비대면은 곧 단절과 고립을 의미하고, 단절과 고립은 사회적 죽음이나 마찬가지입니다. 이런 엄청난 변화를 받아들이기가 쉬울 리 없습니다. 인간은 본능적으로 변화를 두려워합니다. 이른바 기득권층이라 할 만한 사람일수록 익숙한 과거를 놓지 않으려고 하지요. 하지만 코로나19 팬데믹이라는 엄청난 재난이 우리를 익숙한 과거와 결별하고 모든 것을 개혁하지 않으면 안 되는 길로 이끌었습니다.

혹시 최근에 누군가를 만났을 때 악수로 인사를 한 적이 있나요? 아마 2020년 한 해 동안 거의 악수를 해보지 못했을 겁니다. 가능한 접촉을 줄여야 하는 비대면 시대에는 어울리지 않는 인사법이니까요. 하지만 악수는 얼마 전까지만 해도 전 세계에서 가장 보편적인 인사법 중 하나였습니다. 상대방이 손을 내밀면 당연히 나도 손을 내밀어 잡는 것이 예의라고 생각했고요. 악수는 무려 2,000년 전에 시작된 문화인데요, 당시에는 손바닥을 보여줌으로써 "내게는 당신을 해칠 무기가 없습니다"라는 걸 보여주기 위한 것이었다고 합니다. 지금은 손바닥을 보여주는 대신 자주 손을 씻어야 하죠. "내 손은 깨끗해요"라는 걸 보여주는 것이 훨씬 더 상대방을 배려하는 행동이 된 겁니다.

그런데 코로나19가 아니더라도 몇 년 전부터, 특히 10대와 20대 중에는 '악수를 꼭 해야 해?'라고 생각하는 사람들이 꽤 많았습니다. 친하지도 않은 잘 모르는 사람과의 신체적 접촉이 흔쾌하지 않을 수 있으니까요. 더구나 한여름에 땀으로 범벅된 손을 잡는 건 고역일 수 있죠. 하지만 악수가 너무나 당연시되는 분위기에서 "저는 악수를 싫어합니다"라고 말하긴 쉽지 않았겠죠. 그러던 차에 코로나19가 이 옛날 문화를 자연스럽게 바꿀 수 있는 계기를 제공한 겁니다.

악수만 바뀐 게 아니죠. 밥 먹는 것도 그렇습니다. 요즘 기업

김용섭

이건 관공서건 구내식당에 가 보면 대화가 일체 금지된 것은 물론이고 투명한 칸막이까지 설치된 걸 볼 수 있습니다. 원하든 원하지 않든 저마다 조용히 혼밥을 하게 된 거지요. 원래는 구내식당이라는 공간이 밥만 먹으라고 만들어놓은 곳이 아니었어요. 여럿이 함께 밥을 먹을 수 있도록 커다란 테이블을 놓은 것도 서로 어울려 대화도 나누고 친목도 다지라고 그렇게 한 거였죠. 예전에는 직장 동료를 '한 직장에서 밥 먹는 사이'라고 표현하기도 했잖아요.

그만큼 함께 모여서 식사하는 것이 중요한 문화였고, 심지어 업무의 연장으로 생각할 정도였습니다. 그러니 누군가가 여럿이 밥 먹는 것이 불편해 슬쩍 빠지려고 하면 까탈스럽고 사회성 부족한 사람으로 낙인 찍어버리는 일도 허다했지요. 그런 문화에 익숙했던 사람들이 갑자기 혼밥을 하려고 하니 입맛도 없어지고 우울감까지 느끼게 되는 겁니다. 함께 모여 있어야 주류이고, 따로 놀면 비주류가 되는 세상이었는데, 이게 거꾸로 바뀌었으니 얼마나 혼란스럽겠습니까.

그렇지만 이러한 변화 역시 받아들이지 않으면 안 됩니다. 한국에서 "밥 한번 먹자"는 가장 흔한 인사말 중 하나였습니다. 얼굴 보고 밥 먹고 그래야 정도 쌓이고 친해진다, 이렇게 말하죠. 그런데 소셜네트워크에서 더 끈끈하게 뭉치고 일상을 공유하며 친구가 되는 사람들도 많아졌습니다. 최근의 몇 년이

서울시청 구내식당에 투명 가림막이 테이블마다 설치되었다. 가림막 설치는 식사 중 접촉을 최소화하고 비말에 의한 코로나19 감염을 예방하기 위한 것이다.
출처 : 연합뉴스

아니라 이미 십수 년 전에 시작된 변화입니다. 먼저 관점과 인식을 바꿔야 합니다. 개인적으로든 사회적으로든 '관계'의 본질은 '대면'이 아니라 '교류'에 있습니다. 언컨택트 시대에는 교류의 방식이 훨씬 더 다양해지고 효율적으로 진화합니다. 마음먹기에 따라 훨씬 쉽고 편리하게 인맥을 쌓을 수 있다는 이야기도 됩니다.

당연하다고 생각했던 것이 더 이상 당연하지 않을 때, 내가 생각한 정답이 갑자기 오답이 될 때, 이걸 자연스럽게 받아들이는 건 누구에게나 어렵습니다. 하지만 코로나19 팬데믹과 같은 대개혁의 시기에는 변화를 받아들이는 사람과 그렇지 못한

김용섭

사람의 간극이 크게 벌어질 수밖에 없다는 점을 알아야 합니다. "그래도 난 옛날이 좋아, 옛날로 돌아가고 싶어"라고 하는 사람은 순식간에 낙오자가 될 수 있습니다.

주변에서 "빨리 코로나 이전으로 돌아갔으면 좋겠다"라고 말하는 사람을 심심찮게 볼 수 있는데, 안타깝게도 이 세계는 결코 코로나19 이전으로 돌아갈 수 없습니다. 익숙한 과거로 돌아가기보다 새로운 삶의 방식에 익숙해져야 합니다. 이미 변화는 시작되었고 돌이킬 수도 없습니다. 지금 우리는 변화하지 않으면 한 발자국도 전진할 수 없는 그런 길 위에 서 있습니다.

교육시장의 디지털 혁신이 가속화하다

사실 코로나19로 인해 변화한 영역 중에서 가장 놀라운 동네가 대학입니다. 수십 년 전부터 대학이 바뀌어야 한다, 산업과 너무 괴리되어 있다는 말이 많았습니다. 세계 최초의 대학인 이탈리아 볼로냐대학이 설립된 것이 1088년이니, 사실상 대학은 900년 이상된 낡은 비즈니스 모델이었던 겁니다. 그러다 보니 많은 대학에서 재정 확보를 위해서라는 명목으로 '교육'보다는 부동산을 비롯한 각종 수익사업과 투자에 더 열을 올리곤 했습니다.

그 결과 한국 대학 교육의 질적 수준은 세계 최하위권이라는 평가를 받아왔습니다. 기업에서도 졸업장 받은 학생들 뽑아봤자 다시 시간 들이고 돈 들여서 가르쳐야 한다며 볼멘소리를 많이 했습니다. 대학 교육에 대한 신뢰가 거의 바닥으로 떨어진 수준이었죠. 그런데도 대학은 거의 철옹성에 가까운 수준으로 변화를 요구하는 목소리에 귀를 닫고 있었습니다. 뭐든 바꾸려고 하면 상아탑의 학문적 권위를 내세우며 뒷짐만 지고 있었습니다.

그런데 코로나19 사태로 온라인 원격수업을 하면서 허물만 그럴싸했던 대학의 권위가 와장창 깨지고 무너지고 있습니다. 예전에는 교수 실력이 좀 부족해도, 콘텐츠가 좀 부실해도 학생들이 그 권위에 도전하는 것이 쉽지 않았습니다. 그런데 온라인은 수직적 권위가 존재하기 어려운 공간입니다. 학교에서는 교단에 선 교수가 중심이 될 수 있었지만, 온라인 공간에서는 수평적 관계가 더욱 두드러질 수밖에 없으니까요. 권위가 지워진 온라인 환경에서는 다양한 수업 자료를 준비하고 학생들과 상호작용하기 위해 애쓰는 교수와 여전히 10년 전 노트를 가지고 자기 하고 싶은 이야기만 하다가 수업을 끝내는 교수와의 격차가 선명하게 드러났습니다. 그러자 학생들 태도도 바뀌었습니다. 온라인 수업 콘텐츠가 너무 부실하다며 등록금을 돌려달라는 요구가 거세졌습니다.

김용섭

대학 교육이 바뀌어야 한다는 요구가 코로나19 이후 갑자기 생겨난 건 아닙니다. 계속해서 변화를 요구하는 목소리가 있었지만 안 바꾸고 버티고 있었던 겁니다. 하지만 교육 콘텐츠에 대한 대학생들 눈높이는 계속 높아지고 있습니다. 벌써 수년 전부터 세계 유수 대학의 수준 높은 강의를 온라인으로 얼마든지 들을 수 있게 된 것도 영향이 있을 겁니다. 또 요즘 대학생들은 미국의 TEDTechnology, Entertainment, Design 강의도 많이 듣습니다. TED 강의는 주제를 제한하지 않고 모든 지적 호기심을 함께 충족하는 게 목표입니다. 당연히 콘텐츠가 매우 밀도 높게 잘 만들어졌겠죠. 이렇게 수준 높은 콘텐츠를 접하는 학생들 입장에서는 부실한 온라인 수업을 들으면서 그 비싼 등록금을 내야 하는 걸 부당하게 여기는 것도 무리는 아닙니다.

이번에 사이버대학 이야기도 많이 나왔습니다. 사이버대학은 이미 오래전부터 온라인 원격수업을 해왔으니까요. 우리나라에서 사이버대학은 일반대학과 비교해 좀 뒤처진다는 사회적 인식이 있었습니다. 그런데 이번에 사이버대학의 수업 콘텐츠 수준이 상당히 높다는 게 밝혀졌죠. 물론 오래전부터 온라인 수업을 해왔기 때문에 당연한 걸로 받아들일 수도 있지만, 일반대학 교수들 입장에서는 좀 뜨끔한 측면도 있지 않았을까요. 상황이 이렇다 보니 대학에서도 이제 좀 목소리가 바뀌고 있습니다. 각 대학에서는 코로나19 팬데믹이 끝나더라도 계속해서 온라인 수업을 병행하면서 더욱 강화해나가겠다는 계획을 내놓고 있습니다. 이제 콘텐츠 질이 높아진 온라인 수업이 전통적인 대면 수업을 점차 대체해나갈 것입니다.

시간과 장소에 구애받지 않고 수준 높은 강의를 선택해서 들을 수 있는 온라인 중심의 교육이 대세가 되면서, 한편에서는 더 이상 '대학 졸업장'은 필요하지 않다는 이야기도 나옵니다. 특히 구글이나 애플과 같은 미국 글로벌 기업에서는 이미 입사 시 대학 졸업장이 필수가 아닙니다. 학위보단 실무 능력이 더 중요하기 때문입니다. 구글은 누구나 데이터 분석, UX 디자인 등 직무에 필요한 기술을 배울 수 있는 온라인 교육 과정을 운영하고 있고, 이 과정을 패스한 사람은 취업 시 대학 졸업장을 가진 것으로 간주하겠다고도 합니다. 디지털 혁명 시대의 기업에 꼭 필요한 역량을 지닌 인재를 대학이 제대로 키워내지 못하니 기업이 직접 나서는 것입니다.

구글의 온라인 자격증 프로그램은 구글의 실무 직원이 직접 설계하고 가르치는데, 취업을 위해서라면 이런 교육을 이수하는 것이 대학 진학보다 훨씬 효율적일 수 있죠. 또 IT 기업에서도 한참 가르쳐야 하는 사람보다 현업에 바로 투입될 수 있는 사람을 선호할 수밖에 없습니다. 그러니 향후엔 단지 취업을 위해서 대학에 진학하는 사람이 줄어들 수 있겠지요. 이건 한국의 모든 대학이 맞닥뜨린 '위기'입니다. 이제라도 과감한 디지털 전환을 통해 시대 변화에 따라 진화해야 한다는 강력한 경고입니다.

코로나19로 전 세계 대학이 디지털 전환과 변화를 모색하고 있는 가운데, 일찌감치 글로벌 사이버캠퍼스를 구축한 미국의 미네르바스쿨Minerva School이 주목을 받고 있습니다. 미네르바스쿨은 온라인으로만 수업하기 때문에 캠퍼스도 강의실도 없습니다. 학생들은 전 세계 7개 도시에서 생활하면서 학업을 진행할 수 있고, 등록금은 아이비리그 대학에 비해 약 3분의 1 수준이라고 합니다. 또 일방적인 지식 전달이 아니라 주도적인 학습 능력을 키우는 것이 목표인데, 학습자의 참여를 이끌어내고 잠재력을 최대한 발현시키기 위해 매우 강도 높은 수업이 이루어진다고 합니다.

미네르바스쿨을 설립한 벤 넬슨Ben Nelson이 2019년 9월 한국을 방문한 적이 있습니다. '세계지식포럼'에 참가한 벤 넬슨은 한국 교육의 가장 큰 문제로 구시대적인 교육 시스템을 지적하며 이렇게 말했다고 합니다. "한국은 역사상 가장 뛰어난 경제적 기적을 이룬 나라이다. 또 세계를 선도하는 천재적인 일꾼도 많이 배출했다. 그런데 무슨 연유에서인지 교육 시스템은 수십 년 동안 변하지 않고 있다. 분명 교육의 중요성을 어떤 나라보다 잘 알고 교육 환경도 뛰어나지만, 교육 시스템은 변화가 없다." 이제 이토록 변화를 거부하며 꼼짝 않던 한국의 대학들이 코로나19 팬데믹을 계기로 자발적이든 비자발적이든 거대한 변화의 흐름에 동참하고 있습니다. 모두 살아남기 위해서입니다.

재택근무가 삶의 방식까지 바꾼다

기업도 마찬가지입니다. 그동안 재택근무, 원격근무를 확대해야 한다는 목소리가 높았지만 잘 수용이 안 됐지요. 못 한 게 아니라 안 한 겁니다. 대기업을 포함해 한국의 조직문화는 수직적 위계질서가 지배하는 경향이 강했습니다. 고위 간부나 임원 같은 이른바 '높은 사람'은 비효율적인 회의로 시간을 낭비하기 일쑤였습니다. 실력이 부족해도 대충 눈가림으로 넘어가고, 여차하면 후배 실적을 뺏어 가기도 하고 그랬죠. 그런데 온라인 환경에서는 이런 위계질서가 깨지고 훨씬 더 수평화됩니다. 실력 있는 사람은 더 좋은 평가를 받고, 실력 없는 사람은 직급이나 직책과 상관없이 뭘 못하는지 확연히 드러나요.

재택근무라고 해서 집에서 놀면서 일할 수 있다고 생각하는 사람은 없을 겁니다. 각종 데이터와 자료들이 저장되는 인터넷 서버 시스템인 클라우드에 다양한 일의 근거가 다 남거든요. 누가 어떻게 일을 했고 어떤 방식으로 했는지 다 나오니까 이상한 방식으로 일할 수 없고, 남의 걸 뺏어 갈 수도 무임승차할 수도 없습니다.

어떻게든 과거의 익숙한 방식을 고수하려던 기업들도 코로나19 팬데믹이 되자 어쩔 수 없이 재택근무를 받아들여야 했습니다. 그런데 막상 재택근무를 해보니 직원들 만족도도 높고 여러모로 괜찮더란 거죠. 직원들은 출퇴근 시간을 줄여 업무에 집중할 수 있어 좋고, 기업 입장에서는 사무실 유지 비용이 절감되고요. 이미 온라인에서 소통하는 것에 익숙한 젊은 세대의 직원들은 훨씬 더 효율적인 회의를 할 수 있다는 점에도 반색을 표했습니다. 그래서 많은 기업이 코로나19 사태와 상관없이 장기적으로는 원격근무를 확대하는 쪽으로 방향을 잡고 있습니다. 어쩔 수 없이 재택근무를 시작했던 초기에는 여러 가지 우려와 불만을 토로하는 사람들도 있었지만, 지금은 많이 안정화되고 있는 것 같습니다. 코로나19는 막연한 미래로 여겨졌던 변화들을 일상에 확산시키는 계기로 작용했고 우리의 일터도 예외는 아니었던 것입니다.

미국 갤럽Gallup에 따르면, 2016년 미국에서 원격근무를 경험한 직장인 비율은 43퍼센트에 달했습니다. 코로나19가 유행하기 전에도 해외에서 원격근무가 확대되는 추세였음을 알 수 있는 통계입니다. 반면 한국은 달랐습니다. 그동안 한국 정부

코로나19 확산에 따라 재택근무, 화상회의 등 비대면 업무환경을 구축하고 실행하는 기업이 증가하고 있다.
출처 : shutterstock

의 공식 통계에서는 '원격근무'나 '재택근무'라는 근무 형태가 집계조차 되지 않았습니다. 그러다가 이번 코로나19를 계기로 재택근무와 원격근무를 도입했는데, 취업플랫폼 잡코리아와 알바몬이 조사한 바에 따르면, 재택근무 실시 비율이 대기업은 73.2퍼센트, 중견기업과 중소기업은 각각 68.6퍼센트, 57.6퍼센트였다고 합니다.

평균적으로 봐도 절반 이상의 기업들이 제대로 된 준비 없이 별안간 재택근무를 실시하게 됐으니 엄청난 혼란이 있었지 않을까 싶습니다. 심지어 한 대기업에서는 노사 간 임금교섭

김용섭

회의를 화상으로 진행했다고 하는데, 쟁점이 첨예한 중요한 협상조차 비대면으로 할 수 있다고 판단한 것은 놀라운 변화의 신호로 보입니다. 얼마 전까지만 해도 한국 사회는 '서로 만나야 일이 된다'는 것이 거의 상식처럼 여겨지던 곳이었으니까요. 또한 우리는 '아침 9시 출근, 저녁 6시 퇴근'을 기본으로 의식주를 비롯한 다양한 환경을 구축해왔기 때문에 재택근무가 확대되면서 그 영향은 단순히 기업 내에만 머무르지 않을 겁니다. 우리 삶의 많은 부분에 변화를 가져올 겁니다.

우선 회사 구내식당 대신 동네 식당에서 밥을 먹는 일이 늘어나겠지요. 회사에 출근을 하지 않으니 옷이나 신발, 화장품을 덜 사게 되지 않을까요. 출퇴근 목적으로 차를 소유한 사람이 많았기 때문에 자동차 구매도 줄어들 겁니다. 집에 머무르는 시간이 많아지면서 가구나 기타 인테리어에 투자를 더 많이 하는 경향이 나타날 테고, 또 굳이 교통이 편리한 도심에서 살 필요가 없으니 도시 외곽으로 주거지를 옮기는 사람도 많아질 것으로 보입니다. 이렇게 삶의 많은 부분에 변화가 오고 일하는 방식도 달라지겠지만, 그렇다 해도 우리는 여전히 동료들과 팀을 이루어 일할 것이고, 좀 더 자유롭게 시간을 사용하면서 더 많은 소셜네트워크에 편입될 수 있을 겁니다.

재택근무의 확대에 우려를 표하는 사람들 역시 있습니다. 구성원들이 대면 공간에서 토론을 통해 이끌어내던 창조적 결과를 기대하기 어렵다는 점, 일터와 휴식공간의 경계가 모호해지면서 오히려 피로도가 커질 수 있다는 점, 실시간 피드백이나 모니터링이 어려워지면서 일을 미루는 경향이 나타난다는 점 등이 그들의 우려입니다. 그렇지만 이런 부정적 우려보다는 긍정적인 신호가 더 많은 듯합니다.

많은 기업들이 향후 재택근무와 원격근무 비중을 더 늘려가겠다는 입장을 밝히고 있습니다. 2020년 12월 잡코리아가 국내기업 인사담당자를 대상으로 실시한 조사에 따르면, 대기업의 41.2퍼센트가 상시 재택근무를 도입할 계획이 있다고 답했습니다. 재택근무를 희망하는 직장인들도 더 많아지고 있고요. 2020년 12월 온라인으로 진행된 '한경·커니 디지털 비즈니스 포럼'에서 발표된 바에 따르면, 코로나19 이후에도 계속 재택근무를 희망하는 직장인이 93퍼센트에 이르렀습니다. 그리고 응답자의 86퍼센트가 재택근무의 가장 큰 장점으로 '출퇴근 스트레스 해소'를 꼽았으며, 재택근무로 '업무 효율이 향상되었다'고 응답한 비율도 74퍼센트였습니다.

코로나19 사태가 아니더라도 전 세계 사람들은 이미 일하는 방식뿐만 아니라 비즈니스 방식까지도 상당히 유연하게 바꿔왔습니다. 프로젝트 단위로 모여서 일을 하고 흩어지는 형태의 프리랜서 노동자들이 늘어나고 있습니다. 이들은 주로 각자의

공간에서 일하고 필요할 때만 모입니다. '온디맨드on-demand'*
소비가 늘면서 '긱gig'** 노동자들이 늘어난 것도 대표적인 예
라고 볼 수 있습니다.

이러한 변화의 중심에 있는 것은 특히 IT 기업들입니다. 전
세계 시가총액 1위에서 4위까지의 기업인 마이크로소프트
Microsoft, 아마존, 구글, 애플이 모두 IT 기업입니다. 그런데 IT
산업 자체가 '언컨택트 이코노미'입니다. 인공지능, 로봇, 자율
주행, 블록체인, 핀테크 등 모두가 바로 눈앞에서 사람을 상대
하지 않고서도 일이 되게 만드는 기술이니까요. 산업과 비즈니
스는 '비대면'을 향해 가고 있었고, 이번 코로나19 팬데믹이 좀
더 속도를 내도록 등을 떠밀어주었을 뿐입니다. 앞으로도 IT
산업에서 더 많은 기회가 나올 것이고, 우리는 그 기회를 계속
주목해야 합니다. 결국 기회는 방향을 아는 사람, 준비된 사람,
빠른 속도로 올라탄 사람들이 가져가게 되니까요.

- 공급 중심이 아니라 소비자의 수요에 맞춰 즉각적으로 제품 및 서비스를 제공하는 시
  스템이나 전략을 이르는 말이다.
- ●필요에 따라 임시로 업무 계약을 맺은 후 일을 맡기는 긱 경제 플랫폼에서 일거리를 구
  하는 노동자를 이르는 말이다. 이들은 온라인 중개 플랫폼을 통해 일을 찾으며 배달, 대
  리운전, 육아도우미 등에 종사한다. 긱(gig)은 1920년대 미국 재즈 공연장에서 그때그
  때 단기 계약으로 섭외된 연주자를 부르는 말에서 차용된 용어이다.

언컨택트의 핵심은 수평성과 투명성이다

    그동안 한국 대학과 기업에서 디지털 전환이 잘 이루어지지 않았던 큰 이유로 꼽히는 것 중 '관성'과 '권위주의'가 있습니다. 변화보단 하던 대로 하는 것이 편했고, 권위주의는 그걸 묵인했습니다. 2000년대부터 기업에서 직급에 따른 존칭을 없애는 등 조직문화 수평화를 많이 시도했지만, 사실상 안을 들여다보면 바뀐 게 거의 없었습니다. '쇼윈도' 조직만 늘었죠. 직책에 따른 수직적 위계는 여전해서 아랫사람들은 자기 의견을 소신껏 주장하지 못한 채 윗사람들 눈치만 보는 모습을 자주 목격할 수 있었습니다. 매년 초에 경영자들이 전 직원 모아놓고 하는 신년사를 보면 지난 20년간 초지일관 혁신, 변화, 위기를 강조했고, 소통과 수평도 외쳤습니다. 하지만 말뿐인 경우가 많았죠. 팬데믹은 변화를 거부하던 관성과 권위주의에 타격을 입혔습니다.

    변화에 속도가 붙기 시작한 건 원격근무와 화상회의가 보편화되면서입니다. 원격으로 일을 하면 사람 대신 '일'이 더 잘 보이거든요. 권위가 지워지면 결국 남는 건 실력 그 자체입니다. 사무실에서 모여 일할 땐 이른바 '연공서열'이란 걸 무시하기 어려웠습니다. 그래서 회의시간에도 윗사람의 이야기만 일방적으로 들어야 하는 경우가 많았죠. 그런데 화상회의를 하는 모니터 화면에서는 부장님이든 신입사원이든 균등하게 분할된 모습으로 나타납니다. 각자 공유하거나 피드백해야 하는 내용만 이야기하고 흩어집니다. 비로소 수평화가 실현된 거죠.

언컨택트 시대에는 수평성과 투명성이 높아져 진짜 실력자와 밀도 높은 콘텐츠만 살아남을 겁니다. 권위와 유명세에 기대는 경향도 점차 사라질 테고요. 앞에서 언급했던 패션쇼에서도 그런 현상이 나타났습니다. 패션쇼를 디지털 런웨이로 하니까 어떤 일이 벌어졌냐면, 이른바 '셀럽'이라고 하는 사람들이 독차지하던 맨 앞줄이 없어졌습니다. 온라인 패션쇼에서는 수십만 명이 똑같은 위치에서 패션쇼를 보게 된 겁니다. 그들은 각자 취향에 따라 이 옷은 어떻고 저 옷은 어떻고 하는 댓글을 달면서 자유롭게 의견을 나눕니다. 마음에 드는 옷이 있으면 바로 구매 예약을 할 수도 있고요. 그러니까 패션업계 입장에서는 전문가의 권위나 셀럽의 유명세보다 일반 소비자들이 해주는 피드백이 더 중요해졌습니다. 일반 소비자들의 반응에 따라 어떤 상품을 주력으로 밀지, 다음 시즌은 어떤 콘셉트로 가야 할지도 결정하게 될 겁니다.

온라인 비즈니스에서 핵심은 '데이터'입니다. 온라인은 훨씬 더 많은 일반 사람들이 개입할 여지를 만들어주기 때문에 데이터를 수월하게 모을 수 있고, 이를 토대로 비즈니스 방향이 수정되거나 계속 업데이트될 수 있습니다. 그런데 이 데이터에는 권위도 유명세도 없습니다. 100명의 데이터가 모였을 때 한 명 한 명의 데이터가 차지하는 비중은 똑같습니다.

한 가지 사례를 살펴볼까요. 일본의 한 속옷 브랜드는 매장에 3D로 된 바디스캐너를 설치했습니다. 이 3D 바디스캐너를 이용해 고객들은 자신의 신체 사이즈에 잘 맞는 속옷을 선택할 수 있습니다. 사실 우리의 몸은 계속 변하기 때문에 기존에 입던 사이즈의 속옷을 그냥 샀다가 잘 맞지 않아서 낭패를 보는 경험을 누구나 하잖아요. 그런데 이 바디스캐너 덕분에 그럴 일이 없어진 겁니다. 매장 점원에게 사이즈를 재달라고 하는 게 민망해서 눈치만 보던 사람들에게도 희소식이죠. 속옷 회사 입장에서는 어떨까요. 이 회사는 고객들이 측정한 신체 사이즈 데이터를 통해서 요즘 사람들의 체형이 어떻게 변하는지 알 수 있겠죠. 또 체형별로 선호하는 속옷 스타일에 대한 정보도 얻을 수 있고, 이 데이터를 토대로 어떤 속옷을 만들면 좋을지 아이디어도 얻을 수 있고요. 데이터를 통해 헬스케어나 다이어트 등 연관 사업으로 확장도 가능하겠지요.

앞으론 모든 비즈니스에서 데이터 활용이 더욱 중요해질 겁니다. 의식주를 둘러싼 모든 것에서 우린 다양한 행동을 하고, 그것이 데이터로 남습니다. 이렇게 '데이터'와 '데이터에 대한 해석'이 비즈니스 의사결정의 중심이 되면 일터에서도

김용섭

소수에게 집중되었던 권위가 해체되고 모두에게 자율적인 재량이 주어지게 됩니다. 직급 높은 사람의 직관이나 과거 경험이 아니라, 데이터가 주는 객관적인 답에 더 주목할 수 있게 하니까요.

원격근무, 재택근무가 가능한 것도 네트워크와 데이터 덕분입니다. 많은 회사에서 네트워크에 연결된 컴퓨터로 일을 하는데, 그 컴퓨터가 집에 있든 회사에 있든 카페에 있든 업무 능력에는 차이가 없어요. 그리고 일을 하는지 안 하는지를 사람이 지켜보며 감시하지 않아도 네트워크에 쌓인 데이터가 업무 성과를 말해줄 겁니다. 이러니 일하는 방식과 조직문화, 사무실 공간이 바뀔 수밖에 없겠지요.

지금의 사무실 공간은 1904년 미국의 기계공학자 프레드릭 테일러Frederick Taylor의 '테일러리즘'을 기초로 완성한 겁니다. 조직화되고 세분화된 업무를 수행하는 사람들을 효율적으로 감시하기 위해 오픈된 공간에 빼곡히 책상을 넣고 상사가 고개를 들면 다 볼 수 있도록 했지요. 1990년대에 사무 공간에 개인 컴퓨터가 들어오면서 파티션도 치고 독립 공간이 생겼는데, 이젠 그것도 필요가 없습니다. 각자가 한 일이 모두 데이터로 남으니 감시할 필요가 없어졌고, 그러니 굳이 넓고 개방된 공간에 모아놓고 일하도록 할 필요가 없어졌지요.

재택근무, 원격근무를 하게 되면 직원들이 어떤 방식으로 일할 때 업무 효율이 더 높아지는지도 데이터로 쌓이게 됩니다. 어떻게 회의를 해야 더 투명하게 더 합리적인 결과를 도출해내는지도 데이터로 축적이 되지요. 결과적으로 모두 더 똑똑하게 효율적으로 일할 수 있게 되는 겁니다.

권위주의와 연공서열을 깨고 수평화를 가져온 비대면 업무 방식이 깨트리고 있는 또 하나의 악습이 있는데, 바로 기성세대의 '짬짜미' 문화입니다. 끼리끼리 서로 위해주고 서로의 뒷배가 되어주고 이런 비겁하고 공정하지 못한 짬짜미 문화 때문에 그동안 얼마나 많은 부정부패가 있었습니까. 그런데 얼굴 보며 만나서 밥도 먹고 술도 먹어야 우리 편 남의 편을 가를 수 있는데, 비대면으로 일해야 하니까 짬짜미를 할 수가 없게 된 겁니다.

비대면은 얼굴을 직접 안 보는 게 핵심이 아니라 디지털 기반으로 모든 과정이 데이터로 남는다는 것이 핵심입니다. 데이터는 투명하게 공개가 되기 때문에 뇌물을 주기도 담합을 하기도 어렵습니다. 한국식 인맥 쌓기에 능한 기성세대는 비대면 때문에 손해 본다고 여기기도 하는데, 그게 아니라 잘못된 관행을 바로잡는 과정으로 이해해야 합니다. 특히 젊은 세대는 나이 서열화와 수직적 위계질서가 주는 피로감과 비효율성에 저항하고 있습니다. 이 역시 세대의 문제가 아니라 시대의 변화로 받아들여야 합니다.

김용섭

코로나19의 영향으로 대학교의 입학식 및 신입생 환영회가 비대면 형식으로 진행되고 있다.
출처 : 연합뉴스

대면이 주는 인간적 정서와 유대는 필요하지만, 나이 서열화와 인맥주의는 경계해야 합니다. 한국 사회에는 한 살만 많아도 선배 노릇, 윗사람 노릇 하려는 사람이 많아요. 막말하고 군림하려 드는 이들에겐 꼰대 문화가 있어요. 갑질 문화이기도 하죠. 온라인에서의 수평적 관계 맺기에 익숙한 젊은 세대에게는 이런 문화가 불편하고 부당하게 느껴질 수밖에 없습니다. 그런 점에서 향후 '언컨택트'는 접촉은 줄이되 접속은 늘리면서 연결될 타인을 좀 더 세심하게 선별하는 방향으로 흘러가면서 '관계 맺기'의 방식에도 많은 변화를 가져올 겁니다.

앞으로 우리 삶에서, 우리가 만나는 풍경에서 대면 문화가 완전히 사라지진 않을 것이고 사라질 필요도 없습니다. 대면도 여전히 중요하니까요. 다만 '대면 중심'에서 '대면과 비대면의 조화'로 바뀝니다. 각자 기준에 따라 대면과 비대면을 자율적으로 선택하고 관리하게 되겠지요. 중요한 건 투명하고 공정한 관계로 신뢰를 구축하는 겁니다. 그리고 쓸데없는 일에 에너지 낭비하지 않고 합리적으로 시간을 써서 더 행복한 개인들이 많아지는 겁니다.

사회는 지금까지 더 나은 욕망을 따라서 더 괜찮은 사회를 향해 변해왔고, 세상 모든 것이 변해도 이 흐름은 변하지 않을 겁니다. 지금 인류의 욕망은 과잉 컨택트가 줄어드는 쪽으로 진화하고 있고, 앞으로는 그 속도가 한층 빨라질 겁니다. 당장은 낯설고 어색하고 불편하기도 하겠지만, 이 흐름을 따라가지 않으면 안 됩니다. 기술과 산업, 사회, 경제 모두 그 흐름에서 진화를 이어갈 것이기 때문입니다. 언컨택트 시대에 우리가 해야 할 가장 중요한 일은 그 변화와 흐름을 받아들이고 대비하는 겁니다.

8장
위드 코로나 시대
| 이재갑 |

우리는 다음 팬데믹에
대응할 준비가
되어 있는가

이재갑

한림대학교 의과대학 부교수이자 한림대 강남성심병원 감염내과 분과장과 감염관리 실장을 맡고 있다. 고려대학교 의과대학을 졸업했고, 2004년 고려대의료원 내과 전공의를 수료했다. 2007년부터 3년간 카자흐스탄에서 국제협력의사로 활동했다. 2015년 에볼라 바이러스가 확산한 서아프리카 시에라리온에 파견되어 바이러스병 대응 긴급구호대 팀장으로 현장을 지켰다. 같은 해 국내에 유행한 메르스 사태에 맞서 대한의사협회 신종감염병대응 태스크포스팀 위원장을 역임했다. 저서로《우리는 바이러스와 살아간다》(공저) 등이 있다.

코로나19는 앞으로 수십 년간 인류와 함께 살아가는 바이러스가 될지도 모릅니다. 심각한 환경오염과 파괴로 또 다른 미지의 바이러스가 나타날 가능성도 여전히 높습니다. 취약계층에 더 많은 고통과 피해가 몰리지 않도록 방역체계와 더불어 사회 전반의 구조적인 부분까지 포함된 전방위적인 해결책 마련이 필요합니다. 이제는 코로나바이러스와 함께 살아갈 '위드 코로나' 시대를 고민해야 합니다.

코로나와 함께 살아갈 세상을 준비해야 한다

인류는 20세기에 접어들어서 많은 바이러스와 싸워왔습니다. 1918년에 발생한 '스페인 독감'을 기억하실 겁니다. 사실 스페인 독감이 유행하던 당시에는 바이러스에 대한 지식이 많지 않아서 인플루엔자가 바이러스인지 세균인지조차도 구분하지 못했습니다. 1918년 봄에 1차 유행이 있었는데 '거리두기'를 하면서 열심히 대응한 덕분에 비교적 가볍게 앓고 지나갔습니다. 그런데 다소 방심했던 탓인지, 가을과 겨울에 이어진 2차 유행 시기에는 전 세계에서 더 많은 감염자가 나타났고 심지어 사망자도 많이 발생했습니다. 전 세계 인구의 3분의 1에 해당하는 약 5억 명의 감염자가 발생했고, 사망자 수는 5,000만 명에서 1억 명으로 추정됩니다.

우리는 이후에도 인플루엔자의 세계적 대유행을 두 번 더 겪었습니다. A형 인플루엔자로 분류되는 1968년도 홍콩독감 H3N2과 2009년 신종플루H1N1가 그것입니다. 그런데 인플루

이재갑

1918년 12월 스페인독감이 유행하던 시기 마스크를 착용한 미국 시애틀 경찰관의 모습.
출처 : Wikimedia Commons

엔자 바이러스는 종식되지 않고 계절성으로 토착화되어 겨울마다 유행하고 있지요. 그래서 우리가 매년 겨울마다 인플루엔자 예방주사를 맞고 있는 것이고요.

지금 이 이야기를 하는 이유는 코로나19 역시 수십 년간 인류와 함께 살아가는 바이러스가 될지도 모르기 때문입니다. 몇 년 전 우리가 경험한 사스SARS와 메르스MERS도 코로나바이러스였지요. 코로나바이러스는 인플루엔자처럼 감염에 의한 호흡기 증후군이며, 주로 비말을 통해 감염됩니다. 앞으로는 겨울철마다 A형 독감 주의보가 내려지듯이 코로나19 주의보가 내려질 가능성이 큽니다.

그렇기에 지금 우리는 코로나바이러스와 함께 살아갈 세상, 즉 '위드 코로나with corona' 시대를 고민해야 합니다. '포스트 코로나post corona'가 코로나19의 완전한 종식 이후를 의미한다면, 그런 시대는 언제 올지 알 수 없고 영원히 오지 않을 수도 있습니다. 이제 백신만 나오면 코로나19 이전의 삶으로 돌아갈 수 있으리란 기대 대신, 코로나가 일상이 되는 삶을 준비하고 대응해나가야 합니다.

전 세계가 주목하는 K방역, 어떻게 진행되었나

코로나와 함께 살아갈 세상에서 가장 중요한 것은 '지속가능한 방역 체계'가 될 것입니다. 자연환경과의 공존, 경제 발전과의 균형을 이루면서 감염병으로 인한 피해를 최소화할 수 있는 그런 방역 체계가 필요할 것입니다. 현재 한국의 코로나19 방역 체계는 비교적 성공적이라는 평가를 받고 있습니다. WHO에서도 한국의 방역 수준을 세계 최고라며 치켜세웠지요. 저는 질병관리청을 비롯해 국가 차원에서의 방역 체계도 훌륭했지만, 우리 국민이 보여준 자발적인 참여와 연대도 매우 주목할 만하다고 생각합니다.

우리나라의 대다수 국민, 특히 대구의 경우에는 1차 유행이 한창이던 때에 90퍼센트 이상의 시민이 '거리두기'와 '마스크 쓰기'에 참여했습니다. 개인의 이동과 외출을 철저하게 제한하는 봉쇄 조치를 시행하지 않았음에도 대부분 시민이 방역 지침에 따라 행동하며 자발적인 격리 생활을 했습니다. 마스크 대란이 일어났을 때는 다른 지역의 시민들이 대구 지역으로 마스크를 보내는 등 적극적으로 연대하는 모습도 보여주었습니다. 시민들의 자발적 참여와 연대는 대규모 집단감염이 발생했던 대구가 위기에서 벗어나는 데에 결정적인 역할을 했습니다. 또한 대구 시민들이 만들어준 모범적인 사례는 우리가 2차 대유행과 3차 대유행을 잘 이겨낼 수 있는 나침반이 되어주기도 했습니다.

많은 전문가들이 1차 대유행 시기에 우리나라의 방역 체계가 보여준 가장 큰 힘은 '신속하고 능동적인 대응'에 있다고 평가하고 있습니다. 진단, 역학조사, 치료 부문 모두 미국, 독일 등 어느 선진국과 비교해도 압도적일 만큼 훌륭했습니다. 그중에서도 역학조사 부문은 모든 나라가 혀를 내두를 정도입니다. GPS, 신용카드, 휴대전화 기록 등으로 접촉자를 다 찾아냈으니까요.

실제로 어땠는지 살펴볼까요. 대구 신천지교회에 다니는 31번째 확진자가 접촉한 사람이 1,000명이 넘는다는 사실이 밝혀졌을 때 방역당국에서는 그야말로 비상이 걸렸습니다. 당시 대구시와 경상북도에는 검체를 채취해서 코로나19를 진단할 수 있는 진료소가 열 곳밖에 되지 않았습니다. 그 정도 규모로는 1,000명이 넘는 검진대상자를 감당하기 어려웠죠. 검진이 신속하게 이루어져야 확진자를 조기 격리하여 확산을 막을 수 있기 때문에 검진 속도를 올릴 수 있는 방법에 대한 고민이 많았습니다. 그때 민간 부문의 전문가들이 아이디어를 내서 차를 타거나 걸으면서 빠른 속도로 검진을 받을 수 있는 자동차 이동형 드라이브스루drivethrough와 도보 이동형 워크스루walkthrough 방식이 도입된 선별진료소가 만들어졌습니다. 이것이 31번 확진자가 진단을 받은 지 단 5일 만에 일어난 일입니다.

검진 속도가 빨라지니 확진자도 빠르게 늘어났습니다. 한때 2,000명에 달하는 환자가 병원에 입원하지 못한 채 집에서 대기하는 상황이 벌어졌지요. 그때도 민간 전문가들이 의견을 내서 경증환자들은 국가운영시설이나 숙박시설 등을 활용한 '생활치료센터'에 입소해 치료를 받게 했습니다. 일정 수준 이상으로 확진자가 늘면서 의료시설과 의료진의 한계가 심각한 상황에 부딪혔는데, 생활치료센터로 분산 수용하면서 치료 체계가 훨씬 더 효율적으로 개선되었지요. 이러한 결정 역시 31번째 확진자가 발생한 지 15일 만에 이루어졌습니다.

이후 6월 28일에는 '사회적 거리두기'를 3단계로 구분해 단계별 기준 및 실행방안이 마련되었습니다. 이 기준은 11월 1일에 5단계로 세분화해서 조정되었지요. 8월부터는 사랑제일교회에서 시작된 대규모 감염으로 2차 대유행이 시작되었고, 수도권에 이어 전국적으로 사회적 거리두기 2단계가 시행되었습니다. 8월 15일 광화문에서 열린 광복절 집회가 감염 확산의 기폭제가 되었지요. 11월에 다시 3차 대유행이 시작되었고 일일 확진자 수가 1,000명이 넘었습니다. 거리두기를 2.5단계로 하는 대신 '5인 이상 집합금지'가 실시되었지요. 2021년 1월 중순 이후 확산세가 다소 누그러지는 추세이지만, 전국에서 산발적인 집단감염이 이어지고 있어 긴장을 늦출 수는 없는 상황입니다.

2차 대유행과 3차 대유행이 시작될 무렵 민간의료 전문가들은 좀 더 과감한 조치로 확진자 수를 빨리 떨어뜨려야 한다는 주장을 폈지만, 정부에서는 거리두기 3단계로 가거나 록다운 lockdown(이동제한)으로 가는 것은 끝까지 보류했습니다. 겉으로 보기에는 거리두기 단계 상향 조정을 두고 민간과 정부의 입장이 엇갈린 것으로 비치겠지만, 저는 이렇게 민간과 정부가 열심히 토론하고 균형 잡힌 의사결정을 내릴 수 있었던 것이 코로나19 방역의 성공 요인 중 하나라고 생각합니다. 사실 이건 우리가 앞서 메르스 사태를 통해 배운 경험이 있었기에 가능하긴 했습니다. 메르스 사태 때 방역 당국이 리더십을 제대로 발휘하지 못하는 모습을 보여준 이후로 방역 체계 보완이 많

1차 대유행
2월 29일 909명

2차 대유행
8월 27일 441명

3차 대유행
12월 25일 1,240명

1월 20일
404명 확진
(누적 73,518명)

6월 28일
사회적 거리두기로
명칭 통일
3단계로 구분하는
개정안 발표

12월 23일
'5인 이상 집합
금지' 시행

1월 28일
코로나19
백신 접종
시행계획
발표

1월
2020년

1월
2021년

출처 : 질병관리청

코로나19 발생 1년간의 주요 일지

이 이루어졌으니까요.

그렇지만 '거리두기' 단계 조정은 여전히 숙제로 남아 있습니다. 질병관리청 중앙방역대책본부 정은경 본부장도 '코로나19 대응 1년 동안 가장 어려웠던 점'으로 '사회적 거리두기의 수위 조정'을 꼽았을 정도입니다. 앞으로 적극적인 방역을 위해 적절한 거리두기를 하되 그로 인한 피해를 최소화할 수 있는 정부의 지원과 대책이 필요할 것입니다.

이재갑

방역이 살아야 경제도 산다

민간의료 전문가들과 정부 담당자들이 거리두기 단계 조정을 두고 치열한 공방을 벌일 수밖에 없었던 건 바로 '경제와 방역의 균형'이 그만큼 중요하기 때문입니다. 한국의 코로나19 방역이 성공적이었다고 평가받는 이유는 방역을 제대로 하면서 경제도 최악의 수준으로 악화하지 않도록 잘 방어했기 때문입니다. 우리가 택한 전략은 사태가 심각해지기 전에 선제적으로 방역을 강화하면서 전면적인 봉쇄 조치로 가는 것을 막는 것이었습니다.

물론 그렇게 했어도 이번 코로나19로 인해 소상공인, 자영업자, 특수고용직 및 프리랜서 그리고 청년 구직자들과 같은 일자리 취약계층이 많은 고통을 겪어야 했던 것은 사실입니다. 2단계부터는 카페, 식당, 노래방, 헬스클럽 등 대부분의 다중이용시설이 문을 닫거나 영업을 제한해야 했는데, 그런 업종 대부분이 소상공인이고 자영업자들이거든요.

그런데 한편으로는 방역을 선제적으로 강화해서 환자가 늘지 않도록 하는 것이 경제에도 도움이 되었습니다. 경제를 살리기 위해 거리두기를 하지 않았던 해외 국가들의 경우 환자가 폭발적으로 늘어버린 상태에서 뒤늦게 록다운으로 가면서 오히려 더 큰 경제적 피해를 입어야 했습니다. 우리는 그런 상

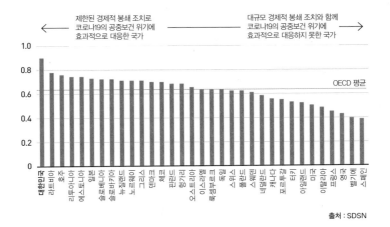

← 제한된 경제적 봉쇄 조치로 코로나19의 공중보건 위기에 효과적으로 대응한 국가　　　대규모 경제적 봉쇄 조치와 함께 코로나19의 공중보건 위기에 효과적으로 대응하지 못한 국가 →

OECD 평균

출처 : SDSN

OECD 코로나19 조기 대응 효과 지수 순위

황으로 가지 않도록 경제와 방역이 아슬아슬하게 시소를 타는 상황에서 균형을 잡기 위해 최선을 다해야 했지요. 환자가 많을 때는 방역에 좀 더 힘써서 환자들을 잘 치료하고, 환자가 줄어들면 경제를 살릴 방안들에 주력해서 상황에 맞게 효율적으로 관리하는 방향으로 말입니다.

　이렇게 경제와 방역의 균형을 잘 맞추는 것은 '지속가능한 발전'을 위한 매우 중요한 요소입니다. 유엔 산하의 지속가능한개발솔루션네트워크SDSN라는 곳에서 2020년 6월 30일에 〈지속가능한 개발 2020Sustainable Development 2020〉을 발표했는데, '제한된 경제적 봉쇄 조치로 코로나19의 공중보건 위기에도 잘 대응한effective management of the covid-19 health crisis with limited economic lockdown' 국가로 한국이 OECD 33개국 중 1위를 기록했습니다. '코로나19에 대한 조기 대응 효과'를 측정해 지수로 평가한 것은 이번 보고서에서 처음 이루어졌습니다.

우리가 방역을 잘해야 하는 또 다른 이유는 의료시스템의 안정성 때문입니다. 감염병 환자들을 치료하느라 다른 환자들을 치료하는 것에 문제가 생겨서는 안 됩니다. 지금도 코로나19 환자뿐만 아니라 다른 중환자들도 계속 발생하고 있잖아요. 그런데 코로나19 환자가 급격히 늘어나면 다른 환자들에 대한 치료가 영향을 받을 수밖에 없습니다. 따라서 적극적인 방역을 통해서 감염병 환자 수를 최대한 줄이는 것이 의료시스템 안정을 위한 최선의 방책이 될 수 있습니다.

3차 대유행 이후 다행히 일일 확진자가 2,000명을 넘어서는 최악의 상황으로 가지는 않았습니다. 만약에 그랬다면 중증 환자들이 제때 치료를 받지 못해 사망에 이르고, 의료진은 '산소호흡기를 누구에게 먼저 씌울 것인가'를 결정해야 하는 참담한 상황에 내몰렸을지도 모릅니다. 어쩌면 앞으로가 더욱 중요할지 모릅니다. 말씀드렸듯이, 코로나19는 당분간 우리와 함께 살아갈 거니까요. 백신 접종이 시작되더라도 집단면역이 형성되려면 최대 2년까지도 걸릴 수 있습니다. 자칫 방역이 느슨해지면 다시 4차 유행이 올 수 있는 가능성도 배제할 수 없습니다. 지속가능한 삶, 경제를 위해서는 방역 체계 또한 효율적으로 잘 유지되어야 합니다.

백신이 코로나19 종식의 답은 아니다

2021년 1월 28일, 드디어 백신 접종 계획이 발표되었죠. 2월부터 11월까지 전 국민이 그룹별 순차적으로 백신을 맞게 됩니다. 그런데 이게 끝이 아닙니다. 많은 분들이 '백신 나오면 옛날로 돌아갈 수 있다'고 생각하는데, 그건 틀린 말일 수도 있고 맞는 말일 수도 있습니다.

백신을 맞으면 집단면역이 형성되고 환자 발생 수가 많이 줄어들긴 할 겁니다. 하지만 백신이 코로나19 종식의 답이 될 수는 없을 것으로 보입니다. 인플루엔자처럼 겨울철마다 유행을 하고 2~3년에 한 번씩 크게 유행하는 바이러스로 토착화될 가능성이 높기 때문입니다. 지금도 매년 인플루엔자 감염 또는 인플루엔자로 인한 합병증으로 3,000여 명이 사망하고 있다는 사실을 떠올려보면 이해가 될 겁니다.

일부 언론에서는 한국 정부가 잘못 대응하는 바람에 백신 접종이 늦어졌다며 '백신 뒷북'이니 '백신 후진국'이니 하는 비판을 하고 있지만, 이것은 전후 사정을 고려하지 않은 주장입

이재갑

니다. 코로나19 자체가 전 세계가 처음 겪는 상황입니다. 백신 정보를 제대로 가진 국가가 많이 없었고, 어떤 백신이 성공할지 모르는 상황에서 모든 일이 진행되었죠. 무엇보다 우리나라는 백신 개발을 위한 예산을 만드는 부분에서 미국이나 유럽 국가들을 따라갈 수가 없는 상황이었어요. 이런 한계점이 있는데도 "왜 우리 한국만 백신을 못 맞고 있느냐"고 비판하는 것은 방역에 총력을 기울이고 있는 관계 기관이나 전문가들을 궁지로 몰아넣는 것이나 마찬가지입니다.

백신 접종 목적은 두 가지입니다. 첫 번째는 중환자를 줄여서 사망자를 최소화하는 것이고, 두 번째는 감염병의 유행 자체를 잠재우는 것입니다. 그래서 백신 접종 초기에는 의료진과 고위험군 중심으로 접종을 해서 중환자를 최소화함으로써 사망자를 줄이는 전략으로 가는 겁니다. 2021년 7월에서 9월까지 3분기에 광범위하게 접종이 이루어지면 코로나19 유행 상황이 어느 정도 통제가능한 범위 안으로 들어올 것으로 예상됩니다. 우선은 정부에서 접종률을 높이기 위해 '전 국민 무료 접종'을 결정한 만큼 최대한 많은 사람들이 백신을 맞아야 합니다. 백신의 효과가 어느 정도일지 아직 연구 단계에 있기 때문에 좀 더 지켜봐야 하겠지만, 9월까지 전 국민의 70퍼센트 이상 접종해야 집단면역이 형성될 것으로 예측하고 있습니다.

일각에서는 백신의 부작용을 우려하고 있지만, 그중에는 가

짜뉴스가 많습니다. 물론 백신의 부작용이 전혀 없는 건 아닙니다. 하지만 현재까지 세계 각국에서 보고된 바에 따르면 코로나19 백신의 부작용은 크게 걱정하지 않아도 되는 수준으로 보입니다. 충분히 감당할 수 있는 수준의 가벼운 부작용들이 대부분이었고, 일부 나타난 중증의 부작용도 처치와 회복이 가능한 수준이었습니다. 따라서 너무 초조해하거나 불안해하지 말고 접종 순서가 올 때까지 개인 생활방역을 철저하게 지키면서 기다리면 될 것 같습니다.

현재 우리가 맞게 될 코로나19 백신의 종류는 다섯 가지인데, 그중에는 한 번만 맞으면 되는 것도 있고 두 번 맞아야 하는 것도 있습니다. 어느 쪽이든 내년에 또다시 백신을 맞아야할 가능성이 상당히 큽니다. 한 번의 접종으로 평생 면역이 형성되는 그런 백신이 아니라는 거죠. 또한 지금도 계속해서 변이된 코로나바이러스가 발견되고 있기 때문에 변이바이러스에 효과가 있는 백신으로 개선이 필요할 수도 있습니다.

코로나19 치료제 개발에 대해 기대하는 분들도 많을 겁니다. 그런데 인플루엔자의 경우에도 좋은 치료제가 있지만 중증 환자들은 사망에 이르는 경우가 많습니다. 코로나19 역시 치료제가 개발된다고 해서 우리가 완전히 정복했다 이렇게 말할 수 있는 단계로 갈 수 있다는 보장은 없는 상황입니다. 따라서 백신 접종이 이루어지더라도 개인의 생활방역을 포함해서 지속가능한 방역 체계를 이어나갈 필요가 있습니다.

지속가능한 방역 체계를 위한 과제

그렇다면 코로나바이러스가 토착화된 이후의 상황에 대비하기 위해서는 어떤 방역 체계가 필요할까요? 사실 이와 관련한 숙제는 한두 가지가 아닙니다. 우선은 감염병을 전문적으로 치료할 수 있는 병원이 필요합니다. 메르스 사태 이후 감염병 전문병원 필요성이 강하게 대두됐고, 정부에서 국립중앙의료원을 중앙감염병병원으로 지정했어요. 그런데 신축부지로 선정된 지역의 주민들 반대에 부딪히는 등 어려움을 겪다가 얼마 전에야 겨우 부지가 확정됐죠. 또 권역별로도 3~4개 전문병원을 만들어야 했는데, 지난 5년 동안 겨우 조선대병원 한 곳만 짓고 있었어요. 그러다 코로나19 터지고 뒤늦게 순천향대천안병원과 양산부산대병원이 각각 중부권과 영남권의 감염병 전문병원으로 지정이 됐습니다. 그야말로 '소 잃고 외양간 고치기'였던 거죠.

병원의 병실 구조도 바꿔야 합니다. 우리나라의 병실 구조를 보면 요양병원 같은 경우 6~10명이 한 병실에 같이 있고, 정신병원은 많은 경우 한 병실에 20명까지 들어가 있어요. 중

환자실 역시 큰 방에 10~20명씩 같이 있는 구조이고요. 이런 구조에서는 단 한 명의 감염병 환자만 발생해도 전체로 다 퍼져버릴 수밖에 없죠. 감염병을 일상적으로 대비할 수 있는 안전한 병원이 되려면 적어도 중환자실은 모두 1인실 형태로 바꿔야 하고, 1~2인실이 표준병실이 되어야 합니다. 문제는 이렇게 병실 구조를 개편하려면 수십조 원이 들어간다는 겁니다. 초기 리모델링 비용을 지원한다든지 하는 방식으로 정부의 지원이 절대적으로 필요한 거죠.

코로나19 이후 모든 국민이 공공의료의 중요성을 확실하게 알게 되었습니다. 공공의료를 확대해야 한다는 목소리도 높죠. 그런데 공공병원을 많이 짓는다고 다 해결되는 게 아니에요. 공공병원을 민간병원처럼 수익성을 기준으로 평가하면 버텨낼 수 있는 공공병원이 별로 없을 거예요. 공공의료를 확대하려면 병원에 떠맡기지 말고 국가에서 적극적인 지원을 해줘야 합니다. 공공병원 운영이 지속가능하려면 먼저 의료진이 일할 만한 조건과 구조를 만들어줘야 합니다. 공공의료 영역의 의료진 대부분은 사명감으로 일하고 있는데, 그 사명감에만 기대서 병원을 운영할 수는 없으니까요.

의료체계 개혁 외에 사회안전망을 확대하고 재정비하는 것도 지속가능한 방역 체계를 위해 매우 중요합니다. 이번에 확인했다시피 가장 중요한 방역이 '거리두기'잖아요. 그런데 거리

이재갑

두기를 할 때 소상공인이나 자영업자에 대한 지원 없이 그냥 문을 닫으라고 하면 사회적 혼란이 일어날 수 있어요. 이번에 한국은 비교적 잘 넘어간 것처럼 보이지만 분명 안으로는 많이 곪아 있을 겁니다. 따라서 이번 코로나19를 계기로 복지 사각지대에 놓인 취약계층을 위한 사회안전망을 확충해서 거리두기에 대한 '수용도'를 높여야 합니다.

그러려면 거리두기 단계를 올릴 때 영업이 금지되거나 제한되는 업종에 대한 지원책이 연동되어야 합니다. 그래야 정부에서도 필요할 때 거리두기 단계를 충분히 격상해서 적극적인 방역을 할 수가 있어요. 앞에서 '방역이 살아야 경제도 산다'고 말씀드렸는데, 마찬가지로 경제적으로 버틸 수 있어야 방역도 가능합니다. 당장 사느냐 죽느냐 하는 상황이 되면 '무조건 문 닫으라'고 하는 방역 조치에 협조하는 건 누구라도 어려울 테니까요.

그런데 제가 사회안전망을 강화해야 한다고 이야기하면 그쪽 분야의 전문가들은 너무 현실을 모르고 하는 소리라고 이야기하실 수도 있어요. 거리두기 문제처럼 각 영역의 중요하고 시급한 우선순위가 서로 충돌할 수도 있고요. 그래서 의료, 사회, 교육, 경제 등 각계의 전문가들이 모여 지속가능한 방역 체계에 대해 충분히 논의하고 효율적으로 의사결정을 할 수 있는 시스템이 필요합니다. 문제가 터졌을 때 부랴부랴 만들지 말고 평상시에 이런 시스템을 통해 충분한 공감을 형성하면, 위기 상황에서 훨씬 신속하고 정확하게 대응이 가능할 겁니다.

사실 우리는 이미 바이러스와 함께 살아가고 있었어요. 인플루엔자에 감염되는 사람만 해도 매년 100만 명에서 500만 명에 이르거든요. 그런데 치료제도 있고 백신도 있고 하니까 사태의 위중함이 잘 안 느껴졌죠. 그러다가 코로나19 사태로 이제 확실히 우리가 감염병과 함께 살아가겠구나, 이제 언제라도 새로운 팬데믹이 올 수 있겠구나, 하는 경각심을 갖게 됐죠. 그런 점에서는 코로나19가 좋은 기회를 제공한 것입니다. 이제라도 의료체계와 사회안전망의 취약점을 개선해서 또 다른 감염병의 대유행에 대비할 수 있어야 해요.

코로나19 사태로 우리가 얻은 긍정적인 수확이라면 방역의 첫 관문부터 치료까지 일관되고 종합적인 대응체계를 구축할 수 있는 초석을 다졌다는 겁니다. 질병관리본부가 질병관리청으로 승격되면서 예산·인사·조직을 독자적으로 운영할 수 있는 권한을 갖고 정책을 실질적으로 집행하는 독립적인 중앙행정기관이 된 것은 한국의 감염병 대응 체계에서 매우 '획기적인 진전'이라고 할 수 있습니다. 이 진전을 바탕으로 우리나라의 방역 체계도 '상시 감염병' 시대에 부합하는 지속가능한 발전을 이룰 수 있기를 기대해봅니다.

이재갑

바이러스와 함께 살아가는 삶

우리는 이미 2009년에 신종플루를 겪었고, 2010년에 메르스도 겪었고, 2020년부터 코로나19를 겪고 있습니다. 저 역시 감염내과 의사로서 이렇게 많은 바이러스를 겪게 될 줄은 예상하지 못했습니다. 하지만 지구 환경의 심각한 오염과 파괴로 인해 인류가 전혀 몰랐던 또 다른 미지의 바이러스가 나타날 가능성은 여전히 있습니다. 인플루엔자가 다시 세계적 대유행 사태를 불러올 것이라는 예측도 있고요. 결국 우리는 앞으로 바이러스와 함께하는 삶을 살 수밖에 없습니다.

WHO 테드로스 아드하놈 게브레예수스Tedros Adhanom Ghebreyesus 사무총장은 "전 세계는 다음번 찾아올 팬데믹에 더 잘 대비해야 한다"고 조언하고 있습니다. 저 역시 같은 생각입니다. 이제부터라도 또 다른 팬데믹 상황을 맞았을 때 어떻게 대응해야 할지 계획을 잘 세워서 준비해야 합니다. 특히 팬데믹 상황에서 취약계층에 더 많은 고통과 피해가 몰리지 않도록 하려면 방역 체계와 더불어 사회 전반의 구조적인 부분까지 포함해서 전방위적인 이해관계자 간의 토론과 근본적인 해결책 마련이 필요합니다. 그렇지 않은 상황에서 또다시 팬데믹 상황을 맞이한다면 그때 우리가 겪게 될 고통의 크기는 가늠조차 하기 어려울 겁니다.

이제 우리는 '언젠가는 예전으로 돌아갈 수 있겠지', '지금보다는 괜찮아지겠지' 하며 꾹꾹 참고 버티기만 해서는 안 됩니다. 바이러스와 함께 살아가는 삶을 받아들이고 그에 따른 대비를 해야 합니다. 해결이 안 되는 상황이라면 우리가 마음을 바꿔야 하지 않을까요.

우리는 바이러스와 함께 살아가고, 앞으로도 쭉 그럴 것입니다. 이런 상황을 직시하되 낙담하기보다는 함께 협력하고 연대하면서 어려움을 이겨나갔으면 좋겠습니다.

이재갑

＊ 이 책은 2020년 8월 31일부터 9월 3일까지 진행되었던 〈2020년 경기도 지식(GSEEK)콘서트-포스트 코로나 우리 사회는 어디로 가는가〉를 바탕으로 하였다. 이번 기획은 경기도와 경기도평생교육진흥원이 주관하는 초청 연사 강연회 '지식(GSEEK)콘서트'와 CBS(연출 박재철, 박상완, 박선영, 작가 김보경, 영상 유석준)가 함께 기획 주관한 비대면 강연 프로그램이다. 27명의 석학과 전문가들이 참여하여 코로나19 사태의 장기화로 대두되는 사회 문제와 전방위적으로 달라질 삶의 양상을 살펴보았다. 2020년 9월 CBS 라디오로도 송출되었고 '그동안 등한시했던 재생산 노동, 생태적 가치관, 위기 관리 등의 중요성을 명료하게 전달했다'는 평가를 받으며 제248회 이달의 PD상 라디오 정규 부문 수상작으로 선정되었다.

책에는 중앙대 김누리 교수부터 한림대 이재갑 교수까지 여덟 명의 지성이 들려준 강연을 실었는데, 강연에서 미처 담지 못해 아쉬웠던 내용을 추가하고 그래프, 이미지 등 시각자료를 보강하여 독자들에게 선보인다. 여덟 명의 실제 강연과 책에 싣지 못한 여타 지식인들의 방송은 경기도평생교육진흥원에서 운영하는 지식(GSEEK) 홈페이지(https://www.gseek.kr)와 CBS 김현정의 뉴스쇼의 유튜브 채널(https://www.youtube.com/user/cbsnewsshow)에서 확인할 수 있다.

코로나 사피엔스, 새로운 도약

대한민국 대표 석학 8인이 신인류의 지표를 제시하다

초판 1쇄 2021년 3월 31일

지은이 | 김누리 장하준 홍기빈 최배근 홍종호 김준형 김용섭 이재갑
기획 | CBS〈지식콘서트〉제작진

발행인 | 문태진
본부장 | 서금선
책임편집 | 박지영   편집1팀 | 송현경 박지영

기획편집팀 | 박은영 김예원 정다이 오민정 허문선 김다혜   저작권팀 | 정선주
마케팅팀 | 김동준 이재성 문무현 김혜민 김은지 정지연   디자인팀 | 김현철
경영지원팀 | 노강희 윤현성 정헌준 조샘 최지은 김기현
강연팀 | 장진항 조은빛 강유정 신유리

펴낸곳 | ㈜인플루엔셜
출판신고 | 2012년 5월 18일 제300-2012-1043호
주소 | (06040) 서울특별시 강남구 도산대로 156 제이콘텐트리빌딩 7층
전화 | 02)720-1034(기획편집) 02)720-1027(마케팅) 02)720-1042(강연섭외)
팩스 | 02)720-1043   전자우편 | books@influential.co.kr
홈페이지 | www.influential.co.kr

ⓒCBS, 2021

ISBN 979-11-91056-51-8 (03300)